총각네
반찬
가게

일러두기

※ 이 책의 레시피는
- 두고 먹을 수 있는 오늘반찬, 밑반찬은 약 2~3회분(4인 가족 기준 2~3끼)
- 푸짐하게 만들어 바로 먹는 고기반찬, 해산물반찬, 한끼요리는 약 3~4인분(4인 가족 기준 한끼) 기준이며
- 장아찌, 김치 등 오래 두고 먹는 저장반찬은 개인차가 있어 저장 가능 기간으로 표기했습니다.

※ 모든 레시피는 밥숟가락, 종이컵 계량 기준이며 1줌, 한 꼬집 등의 손대중량으로 표시된 경우 29쪽을 참고하세요.

※ 음식의 간은 개인차가 있으니 기호에 맞게 설탕, 소금, 간장, 장류 등을 가감하여 조정하세요.

총각네 반찬가게

[**Prologue**]

저는 오늘도 반찬을 만들며
맛있어져라. 맛있어져라. 맛있어져라.
주문을 외웁니다.

어린 시절을 회상하면 시간 날 때마다 찾아갔던 시골집, 순창군 복흥면 정산리가 떠오릅니다. 친할머니께서 정성으로 빚은 맛깔난 전통 장이 담긴 장독대가 넓게 펼쳐져 있었지요. 종갓집 장손인 저에 대한 사랑이 유별나셨던 할머니는 특히 식사를 준비하실 때 저를 옆에 앉히시고는 "음식은 항상 정갈하게 만들고 정성스레 대접해야 한단다. 요즘 사람들은 점점 *대안 불식사 득량 찬 정신을 잊어가는 것 같다." 시며 안타까워하셨던 장면도 생생합니다.

*대안 불식사 득량 찬[對案不食思得良饌] : 밥상을 대하고서 잡수시지 않으면 좋은 음식(飮食)을 만들 것을 생각하라

이러한 마음가짐을 고스란히 물려받은 저는 어릴 때부터 요리에 대한 의욕이 강했습니다. 집안의 반대가 심해 전문적으로 배우지는 못했지만, 시간이 지날수록 한식에 대한 열정은 커졌고 무작정 서울로 올라와 식당에서 일하기 시작했습니다.

그리고 마침내 2013년, 우여곡절 끝에 서울 연신내 뒷골목에 9평짜리 반찬가게 '구선손반'을 오픈했습니다. 순창 종갓집에서 자연스레 길든 입맛과 손맛, 그동안의 경험, 할머니께서 항상 말씀하신 '좋은 음식'에 대한 정신을 이어받아 정말 열심히 노력했습니다. 잠도 포기한 채 반찬을 만들고 버리고, 다시 만들기를 반복하며 하나씩 하나씩 '구선손반'만의 레시피를 완성할 수 있었습니다.
처음부터 반찬가게가 인기 있었던 것은 아닙니다. '총각이 무슨 반찬가게야!' '젊은 사람이 만든 반찬이 깊은 맛이 있겠어?' 우려가 쏟아졌지요. 그러나 확신이 있었기에 좌절하지 않았습니다. 남들보다 일찍 나와 동네를 청소하고, 정성껏 만든 반찬을 가게 앞까지 가지고 나가 "맛있게 만든 집밥, 집 반찬 드시러 오세요."하고 시식을 권하는 등 진심을 보여드렸습니다. 그러자 가장 먼저 동네 아주머니들이 찾아와주시기 시작했고 '반찬 총각'으로 불리며 '젊은 사람이 부지런하고 깔끔하네.' '총각 사장이 까다롭게 시장에서 직접 장도 보고, 손맛도 야무져서 반찬 정말 맛있어!'라며 인정받게 되었습니다. 이런 모습으로 방송에 출연해 더 많이 알려졌고 지방은 물론 해외에서 찾아오는 손님이 있을 정도로 유명한 반찬가게가 되었습니다.

이 책에는 구선손반의 반찬 비법이 담겨 있습니다. 특별한 재료나 도구가 필요 없고, 조리 과정도 단순하지만 한 끗 차이의 손맛을 담은 레시피들입니다. 이 책을 통해 집밥, 반찬 만들기가 어렵게만 느껴지는 모든 분이 '반찬, 생각보다 간단한데?!' '내가 해도 엄마 반찬만큼 맛있네!'라는 자신감과 용기를 가질 수 있으면 좋겠습니다. 또한 한식은 연륜이 있어야 맛있다는 고정관념도 넘어설 수 있게 되길 기대해봅니다.
마지막으로 언제나 저를 묵묵히 바라봐 주시는 사랑하는 홍종철, 이춘화 부모님, 여동생 다희, 다영이, 하늘에서 저를 지켜주고 계신 손자 바라기 박길자 할머니, 그리고 힘들고 지칠 때 따뜻한 위로와 격려를 보내준 모든 지인분께 감사의 말씀을 전합니다.

총각네 반찬가게 '구선손반' 대표 _ 홍은찬

Contents

004 Prologue
250 Index_ ㄱㄴㄷ순으로 반찬 찾기

기본 가이드

반찬이 더 맛있어지는, 재료 손질 & 조리 꿀팁
012 채소반찬 만들 때
014 고기반찬 만들 때
016 해산물반찬 만들 때
018 찌개·국 만들 때

맛있는 반찬의 비밀, 천연 조미료 만들기
022 맛간장
024 맛국물, 맛가루

실패하지 않는 조리 비결, 기본에 충실하기
027 눈대중 NO! 기본 계량 가이드
030 의외의 복병, 불조절 기본 가이드
031 요리가 쉬워지는 재료 썰기

오늘 반찬

무침
036 참나물생채
037 참나물 사과무침
038 미나리생채
039 미나리 두부무침
040 상추겉절이
041 부추무침
042 아삭이고추무침
043 마늘종무침
044 오이무침
045 오이초무침
046 도라지 오이무침
047 더덕생채
048 도토리묵무침
049 미역초무침
050 무생채
051 굴 무생채
052 콩나물겨자채
053 꽈리고추찜

나물

- 056 콩나물무침
- 057 숙주나물
- 058 시금치나물
- 059 취나물
- 060 고사리나물
- 061 깻잎순볶음
- 062 고구마줄기볶음
- 063 무나물
- 064 시래기나물
- 065 배추나물
- 066 얼갈이나물
- 067 오이나물
- 068 냉이나물
- 069 가지나물

볶음

- 072 새송이버섯볶음
- 073 느타리버섯볶음
- 074 미역줄기볶음
- 075 애호박볶음
- 076 감자채 햄볶음
- 077 소시지 야채볶음
- 078 매운 볼어묵볶음
- 079 간장어묵볶음
- 080 부추 달걀볶음
- 081 잡채

조림·전

- 084 두부조림
- 085 단호박조림
- 086 가지조림
- 087 들깨 시래기조림
- 088 동그랑땡
- 089 깻잎전
- 090 고추전
- 091 고추장떡
- 092 굴전
- 093 굴 김치전
- 094 단호박전
- 095 달걀말이

밑반찬

마른반찬·조림

- 100 고추장멸치볶음
- 101 진미채볶음
- 102 쥐치포고추장무침
- 103 뱅어포구이
- 104 보리새우볶음
- 105 땅콩 호두조림
- 106 알감자조림
- 107 우엉조림&연근조림
- 108 콩자반
- 109 볶음김치
- 110 깻잎찜
- 111 닭가슴살장조림
- 112 소고기 메추리알장조림
- 113 마약계란장

저장 반찬

장아찌 · 피클

- 118 고추장아찌
- 119 양파장아찌
- 120 마늘장아찌
- 121 마늘종장아찌
- 122 새송이버섯장아찌
- 123 모둠 저염장아찌
- 124 오이장아찌
- 125 김장아찌
- 126 황태채장아찌
- 127 깻잎장아찌
- 128 깻잎된장절임
- 129 무 오이피클

김치

- 132 깍두기
- 133 총각김치
- 134 백김치
- 136 열무김치
- 137 열무물김치
- 138 배추겉절이
- 139 양배추김치
- 140 오이소박이
- 141 파김치

일품요리 Part 1
고기 반찬

- 144 순창식 제육볶음
- 146 간장양념 돼지불고기
- 148 고추장양념 돼지불고기
- 150 된장양념 돼지불고기
- 152 콩나물불고기
- 154 돼지고기 수육
- 156 돼지고기 김치찜
- 158 돼지갈비찜
- 160 삼겹살간장조림
- 162 장똑똑이
- 164 LA양념갈비
- 166 소갈비찜
- 168 바싹불고기
- 170 떡갈비
- 172 소고기 감자조림
- 174 소고기굴소스볶음
- 176 훈제오리 버섯볶음
- 178 닭볶음탕
- 180 닭갈비
- 182 안동식 찜닭
- 184 닭강정

일품요리 Part 2
해산물 반찬

188	꼬막무침
190	매콤 바지락볶음
192	오징어볶음
194	오삼불고기
196	오징어초무침
198	낙지볶음
200	주꾸미볶음
202	갈치조림
204	고등어 묵은지조림
206	고등어 무조림
208	고등어엿장조림
210	양념 장어구이
212	황태양념구이
214	황태찜
216	코다리 시래기찜
218	코다리강정
220	꽃게튀김
222	꽃게무침
224	아귀찜
226	해파리냉채
228	골뱅이무침

한끼 요리

232	라볶이
234	짜장떡볶이
236	마파두부덮밥
238	카레라이스
240	하이라이스
242	달걀말이김밥
244	장칼국수
246	참치비빔라면
248	간장비빔라면

기본 가이드

반찬을 더 맛있게 만드는
3가지 노하우

총각네 반찬가게 레시피를 따라 하기 전에 알아두면 좋은 기초 수업

Intro 1

반찬이 더 맛있어지는 **재료 손질 & 조리 꿀팁**

신선한 재료를 사용하는 것이 맛있는 요리의 시작이라는 것은 모두 알고 계실 겁니다. 좋은 재료를 확보했다면, 지금부터 소개하는 방법으로 손질하고 조리해보세요. 한 끗 차이로 반찬 맛이 확 달라질 거예요.

채소반찬 만들 때

① 뿌리채소는 찬물에 담가둔다

감자, 우엉, 연근, 무와 같은 뿌리채소를 적당한 크기로 썰어 찬물에 담가 두었다가 조리하면 전분기를 제거할 수 있어서 깔끔해요.

② 쓴맛, 아린 맛이 있는 채소는 삶거나 찬물에 담가둔다

더덕이나 도라지 등은 찬물에 담가 두었다가 굵은소금을 뿌려 바락바락 주물러 씻으면 특유의 쓴맛을 제거할 수 있습니다. 그 외 양파, 대파, 마늘 등 아린 맛이 있는 채소는 찬물에 담가두었다가 조리하면 훨씬 먹기 편해요.

③ 말린 나물은 삶거나 미지근한 물에 담가 불린다

말린 나물(취나물, 고사리, 시래기, 고구마줄기 등)은 물에 담가 최소 2시간 정도 충분히 불린 후 끓는 물에 넣어 30~40분 이상 삶아 찬물에 담가두면 특유의 냄새가 없어지고 부드러워져요. 말린 가지와 호박은 삶지 않고 미지근한 물에 담가 충분히 불리면 됩니다. 조리할 때는 양념에 버무려두었다가 볶아야 간이 제대로 잘 배어 맛있고, 물기 없이 볶으면 뻣뻣해지므로 물 또는 육수를 붓고 촉촉하게 조리해야 부드러워요.

④ 수분이 많은 채소는 소금에 절인 후 무친다

수분이 많은 채소는 바로 무치면 시간이 지날수록 물이 많이 생겨 싱거워지고 먹음직스럽지 않습니다. 소금에 살짝 절여 물기를 뺀 후 무치는 것이 좋아요. 특히 오이, 노각은 물기를 최대한 손으로 꼭 짜야 아삭하답니다. 면포나 키친타월로 한 번 더 물기를 제거해도 돼요.

⑤ 잠깐 나오는 제철 채소는 데친 후 냉동 보관한다

냉이, 달래, 쑥, 고들빼기, 고구마순 등 잠깐 나왔다 들어가는 채소는 넉넉히 구입해 냉동하면 제철이 아닐 때도 신선하게 즐길 수 있습니다. 끓는 물에 넣어 살짝 데쳐 찬물에 헹궈 물기를 제거한 후 위생봉투에 1회분량씩 담아 냉동실에 보관하면 돼요.

⑥ 콩나물, 숙주는 데칠 때 물 양을 적게 잡는다

물이 너무 많으면 콩나물과 숙주의 맛있는 맛이 다 빠지므로 물 양을 적게 잡는 것이 좋고 끓는 물에 소금을 조금 넣으면 간이 잘 뱁니다. 또한 삶을 때 뚜껑을 열면 콩 비린내가 날 수 있으니 주의하세요.

⑦ 초록색 잎채소는 끓는 물에 살짝만 데친다

초록색 채소는 팔팔 끓는 물에 소금을 한 꼬집 넣은 후 뚜껑을 연 채 살짝 데치세요. 채소의 숨이 다 죽지 않은 상태일 때 건져 찬물에 헹군 후 한 김 식혀서 무치면 씹는 맛이 좋고 영양소 파괴도 줄일 수 있습니다.

⑧ 연한 채소는 살살 다룬다

잎이 연한 나물(시금치, 얼갈이배추, 열무, 상추 등)을 무칠 때 손으로 세게 비비면 잎이 물러지고 풋내가 나기도 합니다. 손끝으로 가볍게 조물조물 무쳐야 양념도 잘 배고 맛있어요. 살짝 데친 후 물기를 제거해 조리해도 좋아요.

고기반찬 만들 때

① 과일을 활용한다

고기는 시장이나 마트에서 구입할 때 간단한 손질을 요청하면 편리합니다. 조리 전에는 우선, 누린내를 없애기 위해 핏물을 제거한 후 칼등이나 칼끝으로 살짝만 두들기세요. 질긴 힘줄이 끊어져 고기를 연하게 만들 수 있습니다. 또한 고기 재울 양념에 집에 있는 과일(파인애플, 사과, 배, 키위 등)을 갈아 넣으면 과일 속 단백질 분해 효소가 고기를 더 연하게 만들어 준답니다.

② 잡냄새는 향신료로 잡는다

고기 손질 후 양파즙, 생강즙, 조미술(청주, 소주, 맛술)에 재워두면 잡냄새를 잡을 수 있어요. 마늘, 생강, 대파, 월계수 잎, 통후추 등 잘 어울리는 향신료를 골라 조리할 때나 양념에 넣어도 좋습니다. 특히 불고기 같은 볶음반찬의 경우, 고기를 볶기 전에 마늘, 생강(다지거나 편 썬 것)을 먼저 볶아 향을 낸 후 고기를 넣으면 잡냄새도 없어지고 풍미도 좋아져요.

③ 고기를 먼저 볶는다

재료에 채소, 고기, 해산물 등 다양한 종류가 섞여있다면 고기를 먼저 볶은 후 채소, 해산물 등은 나중에 넣으세요. 식재료마다 익는 시간이 다르므로 한꺼번에 볶으면 고기는 덜 익고, 다른 재료에서는 물이 많이 나와 간이 싱거워지거나 색과 식감이 변해 맛없어집니다.

④ 양념은 2~3번 나눠 넣는다

찜이나 조림, 전골 등 오래 끓이는 반찬을 만들 때는 양념을 2~3번에 나눠 넣어야 재료에 간이 잘 배요. 한꺼번에 넣으면 양념도 겉돌고 불 세기에 따라 너무 짜게 조리될 수 있습니다.

해산물반찬 만들 때

① 생선 구울 때 밀가루를 묻힌다

생선구이는 구울 때 기름이 사방으로 튀고 온 집안에 냄새가 배 꺼려지는 반찬 중 하나입니다. 이럴 땐 손질해둔 생선의 물기를 키친타월이나 마른행주로 제거한 후 밀가루를 묻혀 구우세요. 기름도 튀지 않고 바삭한 식감도 살릴 수 있습니다. 기호에 따라 밀가루와 카레가루를 섞어 묻혀 구우면 비린내는 더 줄고 카레의 풍미가 더해져 색다르게 즐길 수 있습니다.

② 조림할 땐 국물을 고루 끼얹는다

생선은 대체적으로 살이 연해 쉽게 모양이 망가지므로 특히 조림할 때는 불에 올린 후 되도록 뒤적이지 않는 것이 좋습니다. 하지만 이때 너무 가만히 두면 간이 잘 안 밸 수 있으니 중간중간 국자나 숟가락으로 양념을 고루 끼얹어가며 졸여야 간이 잘 밴 생선조림이 완성됩니다.

③ 건어물 반찬을 만들 때 물엿과 올리고당은 마지막에!

멸치, 마른 새우, 오징어채 등의 건어물 반찬에는 윤기와 단맛을 주기 위해 물엿이나 올리고당이 들어가죠. 하지만 처음부터 물엿이나 올리고당을 넣으면 서로 달라붙고 식으면 딱딱해집니다. 물엿과 올리고당은 불 조리 가장 마지막에 넣고 잘 섞은 후 바로 불을 꺼야 이런 현상을 줄일 수 있어요.

④ 찜이나 조림에는 채소를 곁들인다

생선찜이나 조림에 무, 감자, 고사리 등의 채소를 넣어 조리하면 재료의 맛이 서로 어우러져 감칠맛이 배가 됩니다. 생선 육수와 양념이 푹 밴 채소도 별미죠. 또한 채소를 냄비(또는 팬) 바닥에 깔고 생선을 올려 조리하면 채소에서 수분이 나와 오래 끓여도 눌어붙지 않아요.

⑤ 비린내는 맛술로 잡는다

요즘은 대체적으로 생선 손질이 잘 돼서 판매되므로 비린내가 거의 안 나지만 구입한지 오래되거나 보관상의 문제로 비린내가 날 경우에는 양념장이나 조리할 때 맛술을 넉넉히 넣으세요. 또는 쌀뜨물에 넣어두었다가 조리해도 효과적입니다.

찌개·국 만들 때

① 국이나 찌개에는 국간장!

국이나 찌개를 끓일 때 간장은 처음부터 넣어야 잡냄새가 나지 않고 감칠맛이 깊어집니다. 집에서 담근 조선간장의 감칠맛이 더 좋지만 없을 때는 시판 국간장으로 간하세요.

② 멸치는 끓이다가 건져낸다

멸치는 국물용과 볶음용이 있습니다. 찌개, 국을 끓일 때는 국물용 멸치를 사용해야 하며 내장을 제거하고, 마른 냄비에 넣어 볶은 후 조리해야 씁쓸한 맛과 비린내가 나지 않고 구수합니다. 또한 오래 끓이면 쓴맛이 나므로 냄비에 물과 멸치를 넣어 센 불에서 끓여 물이 끓어오르기 시작하면 5분간만 더 끓여 건져내세요. ※불 세기에 따라 5~10분으로 조절하세요.

③ 장류는 체를 이용해 푼다

고추장, 된장을 그대로 국물에 넣으면 덩어리지고 잘 풀리지 않아요. 국물을 먹다가 된장 씹어본 경험 있으시죠? 장류는 냄비보다 작은 크기의 체에 담아 국물에 담가 숟가락으로 꾹꾹 눌러가며 풀어주세요. 또한 고추장, 된

장은 멸치와 특히 잘 어울리므로 장으로 맛을 내는 국, 찌개에는 물 대신 멸치 육수 또는 쌀뜨물로 끓여야 훨씬 맛있습니다.
* 쌀뜨물은 쌀을 두 번 가볍게 물로 행군 후 세 번째 비벼가며 씻은 물입니다.

④ 담백하게 끓이고 싶다면 소금으로 간한다

고추장, 된장, 국간장, 소금 등 국, 찌개에 넣을 수 있는 양념의 종류가 다양하지만 담백한 맛을 원할 때에는 소금으로 간하세요. 색을 내고 싶다면 국간장을 약간 넣으면 됩니다.

⑤ 뼈로 육수를 낼 때는 한 번 데친다

사골과 잡뼈로 육수를 낼 때는 찬물에 2~3시간 이상 담가 핏물을 제대로 빼는 것이 기본입니다. 핏물을 뺀 뼈는 팔팔 끓은 물에 넣고 불순물이 우러나 국물 색이 거무스름해질 때까지 끓인 후 물을 따라버리고 다시 물을 부어 푹 끓이세요. 그래야 뽀얗고 깊은 맛의 육수를 만들 수 있습니다.

⑥ 국거리용 말린 나물은 미리 양념해둔다

배추, 우거지, 시래기 등 말린 나물로 끓인 국, 찌개는 깊은 맛이 일품이죠. 국거리용으로 말린 나물을 사용할 때는 한 번 삶아 찬물에 담가 쓴맛을 제거한 후 양념에 버무려두었다가 넣으세요. 훨씬 감칠맛이 좋고 깊고 풍부한 맛이 나며 채소도 더 부드러워요.

⑦ 찌개의 물 양은 건더기가 잠길 정도로 맞춘다

찌개의 맛은 어떤 재료를 넣는지도 중요하지만, 또 중요한 것이 재료와 국물의 비율입니다. 물이 너무 적으면 건더기 표면이 마르거나 색이 변해 맛이 없고, 너무 많으면 채소의 수분 때문에 싱겁습니다. 찌개에 들어가는 건더기가 딱 잠길 정도의 물을 넣어야 간이 적당하고 채소도 잘 익어 맛있습니다.

⑧ 대파는 마지막에 넣는다

대파는 향신채로, 국, 찌개에 넣으면 잡냄새를 잡아주고 특유의 매운 향이 더해져 맛이 더 시원해집니다. 하지만 너무 오래 끓이면 국물이 씁쓸해지니 국, 찌개가 거의 완성되었을 때 넣고 숨이 죽을 정도만 살짝 끓이세요.
또한 대파의 점액질 성분에 쓴맛이 있으니 한 번 데치거나 물에 헹궈 제거한 후 넣어도 좋아요.

Intro 2

맛있는 반찬의 비밀, 천연 조미료 만들기

쉽게 구입할 수 있는 시판 양념 외에 미리 만들어두면 요긴하게 사용할 수 있는 비법 조미료를 소개합니다. 이 책에 소개된 반찬을 만들 때도 유용하니 지금 만들어보세요!

맛간장

나물 무칠 때, 조림할 때, 2% 부족한 맛을 잡을 때 등 다양하게 활용해보세요. 해산물 반찬 전용으로 레몬(1/2개)을 추가해서 만들면 비린내까지 잡을 수 있어 더 좋습니다.

재료

깐 마늘 — 6개
양파 — 1개(240g)
대파 흰 뿌리 — 4개
건고추 — 2개
멸치가루 — 1/2큰술
다시마가루 — 1/2큰술
※ 만들기 24쪽 참고
설탕 — 4큰술
물 — 1컵(180㎖)
진간장 — 1컵(180㎖)
청주 — 1컵(180㎖)
맛술 — 1컵(180㎖)

만드는 방법

① 마늘은 편 썰고, 양파는 채 썬다.
② 냄비에 모든 재료를 넣고 센 불에서 5분간 끓인 후 약한 불로 줄여 10분간 끓인다. ※ 6개월간 냉장 보관 가능

맛국물

국, 찌개, 조림, 볶음 등에 물 대신 사용하면 훨씬 더 감칠맛을 살려줍니다. 맛내기가 겁난다면 어떤 반찬이든 물 대신 맛국물을 넣어보세요.

재료
물 — 4L
무 — 1/2개(500g)
다시마 — 1장(8X8cm)
멸치 — 15마리(국물용, 또는 디포리 6마리)
대파 — 1/2대
황태 머리 — 1개
양파 — 1/2개(120g)

만드는 방법
모든 재료를 냄비에 넣고 센 불에서 10분간 끓인다. ※ 6개월간 냉장 보관 가능

맛가루

마법의 가루라고 생각해도 될 정도로 한 스푼으로 맛을 확 살려주는 천연 맛가루입니다.

다시마가루
국, 찌개, 전골 등 국물 맛을 낼 때 사용해요.

멸치가루
볶음, 조림, 국물 맛을 낼 때 사용해요.

새우가루
볶음, 나물, 무침, 죽, 국물 맛을 낼 때 사용해요.

표고가루
밥 지을 때 넣어도 좋고, 국물 맛을 낼 때 사용해요.

만드는 방법
① 만들고자 하는 맛가루 재료(다시마, 멸치, 새우, 표고버섯)의 이물질을 닦은 후 각각 건조기에 넣고 8시간 동안 건조한다(70℃ 기준). 이때 다시마는 염분기가 있으니 물에 헹궈 염분기를 제거한 후 건조하고, 멸치는 내장을 제거해야 쓴맛을 줄일 수 있다.
② 믹서에 넣어 곱게 갈아 사용한다.
※ 시판 건조 식재료를 구입할 때는 수분이 거의 없게 건조되었는지 확인한 후 사용하세요.

기본 가이드

라면도 봉지에 적힌 기본 레시피 대로 끓였을 때 가장 맛있죠? 반찬도 마찬가지입니다. 요리의 기본은 계량과 불 조절이에요. 기본에 충실해지세요!

눈대중 NO!
기본 계량 가이드

총각네 반찬가게, 구선손반에서는 일정한 맛을 유지하는 계량화된 체계적 레시피를 보유하고 있습니다. 각 가정에서도 계량하는 습관을 가진다면 그날그날 다른 맛이 아니라 항상 맛있는 반찬을 만들 수 있어요. 별도의 계량 도구 필요 없이 밥숟가락과 종이컵으로 실생활에서 쉽게 계량할 수 있는 방법을 알려드릴게요.

※ 계량 도구의 1큰술, 1컵이 밥숟가락, 종이컵보다 양이 살짝(10~20%) 많으니 계량 시 참고하세요.

기본 가이드 027

밥숟가락으로 계량하기

가루류(설탕, 소금 등) 1큰술
└ 밥숟가락에 소복하게 담기

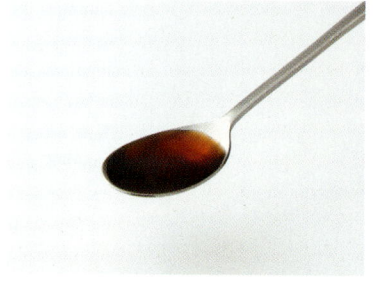

액체류(간장, 식초 등) 1큰술
└ 밥숟가락에 가득 찰랑찰랑하게 담기

가루류(설탕, 소금 등) 1/2큰술
└ 밥숟가락 앞쪽 1/2까지 소복하게 담기

액체류(간장, 식초 등) 1/2큰술
└ 밥숟가락의 가운데 오목한 부분까지 담기

종이컵으로 계량하기

약 150g

**무게감이 있는 가루류
(설탕, 소금 등) 1컵**

약 80g

**가벼운 가루류
(고춧가루, 들깻가루 등) 1컵**

약 200g

장류(고추장, 된장 등) 1컵

약 180㎖

액체류(간장, 식초 등) 1컵

손대중으로 계량하기

한 꼬집 = 약간

손바닥에 올릴 수 있는 재료
(느타리버섯, 숙주 등) 1줌
└ 손바닥에 올릴 수 있는 만큼(약 50g)

줄기가 있는 재료
(참나물, 미나리 등) 1줌
└ 한 손에 가볍게 움켜쥘 수 있는 만큼
 (약 50g)

잎이 큰 채소(시금치, 상추 등) 1줌
└ 한 손에 가볍게 잡을 수 있는 만큼
 (약 50g)

기본 가이드

의외의 복병, 불조절 기본 가이드

'요리는 불 맛'이라는 말이 있습니다. 레시피 각 과정에 제시한 불 세기를 잘 조절하면 입에 더 착 붙는 요리를 완성할 수 있을 거예요. 집집마다 불 세기가 조금씩 다르니 아래의 그림을 참고해 불 세기를 조절하세요(인덕션 불 세기는 9단계 기준).

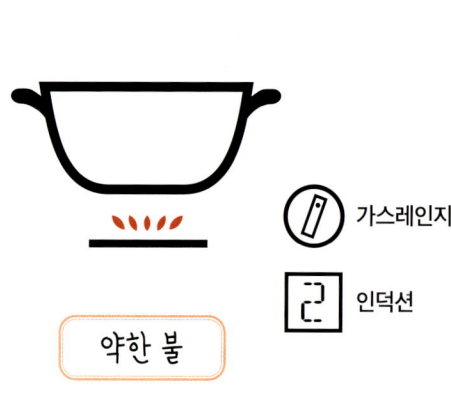

가스레인지
인덕션

약한 불

└ 재료의 표면이 살짝 끓을 정도의 화력으로 조림에 자주 이용합니다.

중약 불

└ 약한 불과 중간 불의 중간 정도 화력으로 약한 불과 거의 동일하게 이용합니다.

중간 불

└ 끓이기, 데치기, 구이나 튀김 등 조리할 때 가장 많이 이용합니다.

센 불

└ 볶음, 찜, 끓이기 등 단시간에 재빨리 수분을 날리고 맛을 우려낼 때 이용합니다.

요리가 쉬워지는 재료 썰기

재료 크기가 달라지면 조리 시간도 조금씩 차이가 납니다. 레시피를 따라 할 때 과정 사진을 참고하며 비슷한 모양과 크기로 조리하려고 노력해보세요. 이 책에 나오는 재료 썰기 방법 중 헷갈릴 수 있는 것만 골라 소개합니다.

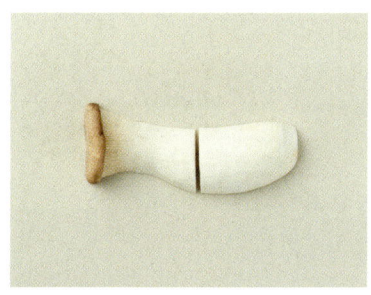

2등분하기
└ 길이가 짧아지도록 반으로 썬다.

길게 2등분하기
└ 두께가 얇아지도록 반으로 썬다.

└ **① 가늘게 채 썬다** = ㉠처럼 얇게 편 썬 후 0.2~0.4cm 폭으로 썬다.
  ② 잘게 다진다 = ①처럼 가늘게 채 썬 후 다진다(사방 0.2~0.4cm).
  ③ 채 썬다 = ㉡처럼 0.5~1cm 두께로 편 썬 후 0.5~1cm 폭으로 썬다.
  ④ 굵게 다진다 = ③처럼 채 썬 후 다진다(사방 1cm 미만).

오늘 반찬

바로 만들어 더 맛있어!

조리 후 바로 먹거나
냉장 보관 1~2일 이내에 먹어야 맛있는 반찬

'오늘 반찬'은 총각네 반찬가게,
구선손반을 찾은 고객이 손꼽은 대표 반찬들입니다.
대부분 바로 먹었을 때 가장 맛있는 반찬이니,
되도록 한두 번 먹을 만큼씩만 조리해
1~2일 내로 드시는 것을 추천해요!

상추겉절이 p40

무생채 p50

콩나물겨자채 p52

도토리묵무침 p48

부추무침 p41

꽈리고추찜 p53

참나물생채 p36

더덕생채 p47

참나물 사과무침 p37

오이무침 p44

마늘종무침 p43

무침

채소를 가장 신선하게 즐길 수 있는 반찬입니다. 제철 채소를 갖은양념에 무치기만 해도 한 끼가 풍성해지고 입맛을 돋워주지요. 양념과 재료 손질만 미리 해두고 먹기 직전 무쳐내야 더 맛있어요!

오이초무침 p45

굴 무생채 p51

도라지 오이무침 p46

미나리생채 p38

미역초무침 p49

미나리 두부무침 p39

아삭이고추무침 p42

참나물생채

✱ 나물 중의 나물이라는 뜻을 가진 참나물은 향이 강하지 않아 다양한 양념과 잘 어울리는 잎채소예요. 가벼운 양념에 무치면 봄 내음이 물씬 풍기는 반찬이 완성된답니다.

조리시간 10분
2~3회분

재료
참나물 — 4줌(200g)
참기름 — 1큰술
통깨 — 1큰술

양념
설탕 — 2큰술
고춧가루 — 1/2큰술
다진 마늘 — 1큰술
다진 파 — 1큰술
매실청 — 1/2큰술
진간장 — 1큰술
식초 — 3큰술

1 참나물은 뿌리를 제거한 후 시든 잎을 떼어내고 찬물에 씻는다. 체에 밭쳐 물기를 최대한 뺀 후 먹기 좋은 크기로 썬다.

2 큰 볼에 양념 재료를 넣고 섞는다.

3 ②의 볼에 참나물을 넣고 가볍게 무친 후 참기름, 통깨를 넣어 버무린다.

참나물 사과무침

✳ 참나물은 베타카로틴이 풍부하고 특유의 향을 가지고 있어요. 알칼리성이라 소화가 잘 되며 식이섬유가 많아 육류와 함께 섭취하면 궁합이 좋은 음식이랍니다.

조리시간 15분
2~3회분

재료
참나물 — 3줌(150g)
사과 — 1/4개(50g)
양파 — 1/2개(120g)
당근 — 1/3개(70g)
송송 썬 대파 — 3큰술
참기름 — 2큰술
통깨 — 1큰술

양념
설탕 — 1큰술
고춧가루 — 1큰술
다진 마늘 — 1큰술
물엿 — 1큰술
매실청 — 1/2큰술
식초 — 1큰술
진간장 — 1큰술
멸치액젓 — 1/2큰술

조리 포인트
손에 열이 많다면 무침 반찬을 만들 때 최대한 살살, 재빨리 버무리거나 젓가락을 이용하세요. 채소의 숨이 죽지 않아 더 맛있게 무칠 수 있습니다.

1 참나물은 지저분한 끝부분을 제거하고 5cm 길이로 썬다. 사과, 양파, 당근은 5cm 길이로 가늘게 채 썬다.

2 큰 볼에 양념 재료를 넣어 섞는다.

3 ②의 볼에 참나물, 사과, 양파, 당근, 대파를 넣어 가볍게 무친다. 참기름, 통깨를 넣고 가볍게 버무린다.

미나리생채

∗ 요즘 같이 미세먼지가 많은 날에는 미세먼지와 중금속 배출을 돕는 미나리로 만든 반찬 어떠세요? 고기를 구워 곁들이면 최고의 궁합으로 맛있게 드실 수 있습니다.

조리시간 20분
2~3회분

재료
미나리 — 2줌(약 150g)
참기름 — 1큰술
통깨 — 1큰술

양념
설탕 — 1/2큰술
고춧가루 — 1큰술
다진 마늘 — 1큰술
물엿 — 1/2큰술
현미식초 — 1큰술(또는 양조식초)
진간장 — 2큰술
매실청 — 1/2큰술

1+1 활용법
새콤한 맛을 좋아하면 기호에 맞게 식초를 1~2큰술 넣어도 돼요.

1 미나리는 줄기 끝에 억센 부분을 제거한다.

2 볼에 물, 식초(2큰술), 미나리를 넣어 5분간 담가둔다.

※ 미나리에는 거머리가 붙어있을 수 있어 식초물에 담가 두었다가 조리하는 것이 좋습니다.

3 미나리는 흐르는 물에 헹궈 체에 밭쳐 물기를 뺀 후 5cm 길이로 썬다.

4 큰 볼에 양념 재료를 넣어 섞는다.

5 ④의 볼에 미나리를 넣어 무친다. 참기름, 통깨를 넣어 버무린다.

미나리 두부무침

❋ 미나리 특유한 향과 두부의 고소한 맛이 만나 자꾸만 손이 가는 반찬입니다. 미나리는 향이 좋아서 나물로 무치면 입맛을 살려줍니다.

조리시간 25분
2~3회분

재료
미나리 — 3줌(약 200g)
홍고추 — 1개
두부 큰 팩 — 1/2모(부침용, 150g)

양념
설탕 — 1큰술
다진 마늘 — 1큰술
국간장 — 1큰술
진간장 — 1큰술
참기름 — 1큰술
검은깨 — 1큰술

 재료 고르기

미나리는 잎의 길이가 일정하고 줄기는 너무 굵지 않으며 끝부분이 연한 적갈색을 띠는 것을 고르세요. 또한 줄기가 잘 부러지고 그 단면에 수분이 많은 것이 맛있습니다. 미나리를 손질할 때 10원짜리 동전이나 놋수저와 함께 찬물 혹은 식초를 탄 물에 담가두면 거머리를 제거할 수 있어요.

1 미나리는 4cm 길이로 썬다. 홍고추는 길게 2등분해 씨를 제거한 후 4cm 길이로 가늘게 채 썬다.

2 볼에 물, 식초(2큰술), 미나리를 넣어 5분간 담가둔다.

※ 미나리에는 거머리가 붙어있을 수 있어 식초물에 담가 두었다가 조리하는 것이 좋습니다.

3 두부는 칼 옆면으로 눌러 으깬 후 면포나 키친타월로 감싸 물기를 제거한다.

4 끓는 물에 소금(1/3큰술), 손질한 미나리를 넣고 1분간 살짝 데친 후 체에 밭쳐 물기를 제거한다.

5 큰 볼에 양념 재료를 넣어 잘 섞은 후 미나리, 두부를 넣고 버무린다.

상추겉절이

* 사계절 채소 반찬, 상추겉절이를 소개합니다. 냉장고 채소 칸에 상추가 있다면 바로 팍팍 무쳐서 반찬 걱정을 줄여보세요.

조리시간 10분

2~3회분

재료
상추 — 15장(300g)
치커리 — 5줄기
양파 — 1/2개(120g)
당근 — 1/4개(50g)
대파 흰 부분 — 1/2대
참기름 — 1큰술
들깻가루 — 1/2큰술
통깨 — 1큰술

양념
설탕 — 1큰술
고춧가루 — 2큰술
물엿 — 1큰술
매실청 — 1큰술
식초 — 2큰술
진간장 — 2큰술

1 상추, 치커리는 한입 크기로 썰고 양파는 0.5cm 폭으로 채 썬다. 당근, 대파는 4cm 길이로 가늘게 채 썬다.

2 큰 볼에 양념 재료를 넣어 섞는다.

3 ②의 볼에 상추, 치커리, 양파, 당근, 대파를 넣어 무친다. 참기름, 들깻가루, 통깨를 넣고 가볍게 무친다.

부추무침

✶ 고기에 곁들여 먹기 안성맞춤인 투박한 맛의 부추무침입니다. 부추는 세게 버무리면 풋내가 나기 때문에 살살 무치는 것이 비법 아닌 비법이지요.

조리시간 20분
2~3회분

재료
부추 — 4줌(200g)
양파 — 1/2개(120g)
통깨 — 1큰술

양념
설탕 — 1/2큰술
고춧가루 — 2큰술
다진 마늘 — 1큰술
진간장 — 1/3큰술
멸치액젓 — 2큰술
올리고당 — 1큰술
매실청 — 1큰술
참기름 — 1큰술

 1+1 활용법

상큼한 맛을 더하고 싶다면 양념 재료에 식초를 취향에 맞게 더해도 좋아요.

1 부추는 4cm 길이로 썬다. 양파는 가늘게 채 썰어 물에 10분간 담가 매운 맛을 제거한 후 체에 밭쳐 물기를 뺀다.

2 큰 볼에 양념 재료를 넣어 섞는다.

3 ②의 볼에 부추, 양파, 통깨를 넣고 가볍게 무친다.

아삭이고추 무침

✼ 오이고추라고 불리는 아삭이고추는 그냥 먹어도 맛있지만 된장 양념에 버무리면 밥도둑이 따로 없어요.

조리시간 10분
2~3회분

재료
아삭이고추 — 15개
통깨 — 1큰술

양념
들깻가루 — 1/2큰술
고춧가루 — 1/2큰술
다진 마늘 — 1큰술
된장 — 3큰술
올리고당 — 1큰술
매실청 — 1/2큰술
참기름 — 1큰술

1 아삭이고추는 2cm 길이로 썬다.

2 큰 볼에 양념 재료를 넣어 섞고 아삭이고추를 넣어 무친 후 통깨를 뿌린다.

마늘종무침

✱ 특유의 아린 맛 때문에 잘 먹지 않았다면 주목하세요! 마요네즈를 넣어 아린 맛은 잡고 고소함은 더한 마늘종무침 레시피를 소개합니다.

조리시간 20분
2~3회분

재료
마늘종 — 2줌(200g)
통깨 — 1큰술

양념
설탕 — 1큰술
고춧가루 2큰술
마요네즈 — 2큰술
고추장 — 2큰술
다진 마늘 — 1큰술
올리고당 — 2큰술
매실청 — 1큰술
참기름 — 1큰술

 재료 고르기

마늘종은 굵기가 일정하고 단단한 것, 앞부분은 연한 녹색, 뒷부분은 진한 녹색을 띠는 것이 좋아요.

1 마늘종은 4cm 길이로 썬다.

2 끓는 물에 소금(1/3큰술), 마늘종을 넣어 1분간 데친다. 찬물에 넣어 헹군 후 체에 밭쳐 물기를 뺀다.

3 큰 볼에 양념 재료를 넣어 섞고 마늘종을 넣어 무친 후 통깨를 뿌린다.

오이무침

* 가격도 저렴하고 상큼한 향으로 입맛까지 돋워주는 아삭한 오이무침입니다.

조리시간 20분
2~3회분

재료
오이 — 2개(400g)
양파 — 1/2개(120g)
당근 — 1/3개(70g)
송송 썬 대파 — 2큰술
참기름 — 1큰술
통깨 — 1큰술

양념
설탕 — 2큰술
고춧가루 — 4큰술
다진 마늘 — 2큰술
식초 — 2큰술
매실청 — 1큰술

 조리 포인트

오이 껍질에는 영양소가 많으므로 벗기지 말고 소금으로 문질러가며 씻어 돌기만 제거하세요. 이렇게 세척하면 먼지나 농약을 제거할 수 있습니다.

1. 오이는 굵은소금으로 문질러 씻어 동그랗게 0.5cm 두께로 썬다. 양파는 1cm 폭으로 채 썰고, 당근은 1×4cm 크기로 얇게 썬다.

2. 볼에 오이, 양파, 당근, 잠길 만큼의 물, 소금(1/2큰술)을 넣고 잘 섞어 10분간 절인 후 체에 밭쳐 물기를 뺀다.

3. 큰 볼에 양념 재료를 넣어 섞는다.

4. ③의 볼에 모든 채소를 넣고 무친다. 참기름, 통깨를 넣고 가볍게 버무린다.

오이초무침

✱ 새콤하게 입맛 살려주는 오이초무침! 만들기도 간단하고 오이의 시원함과 아삭함이 살아있는 반찬입니다.

조리시간 20분
2~3회분

재료
오이 — 2개(400g)
양파 — 1개(240g)
송송 썬 대파 — 2큰술
참기름 — 1큰술
통깨 — 1큰술

양념
설탕 — 1큰술
소금 — 1/3큰술
고춧가루 — 2큰술
다진 마늘 — 1큰술
고추장 — 2큰술
식초 — 4큰술
진간장 — 1큰술
매실청 — 1큰술

1 오이는 굵은소금으로 문질러 씻은 후 동그랗게 0.5cm 두께로 썰고 양파는 1cm 폭으로 채 썬다.

2 큰 볼에 양념 재료를 넣어 섞는다.

3 ②의 볼에 채소를 넣고 무친 후 참기름, 통깨를 넣고 가볍게 버무린다.

도라지 오이무침

* 쌉싸래한 맛의 도라지 오이무침입니다. 매콤하고 새콤한 양념이 국수와 잘 어울려 비빔국수를 만들어 먹어도 좋아요.

조리시간 30분
2~3회분

재료
도라지 — 200g
오이 — 1개(200g)
양파 — 2/5개(80g)
대파 — 1/6대
고춧가루 — 3큰술
통깨 — 1큰술

양념
설탕 — 2큰술
다진 마늘 — 1큰술
고추장 — 3큰술
식초 — 4큰술
진간장 — 1큰술
매실청 — 1/2큰술
물엿 — 2큰술
참기름 — 1큰술

 조리 포인트

도라지는 껍질에 소화에 도움이 되는 영양소가 많으므로 최대한 껍질을 벗기지 않고 섭취하는 게 좋답니다. 단, 깨끗하게 세척하는 것 잊지마세요! 도라지를 굵은소금과 함께 바락바락 주물러야 특유의 쓴맛이 줄고 식감도 부드러워진답니다.

1 도라지는 껍질째 깨끗이 씻은 후 먹기 좋은 크기로 채 썬다.

2 볼에 굵은소금(약간), 도라지를 넣고 바락바락 주무른 후 흐르는 물에 씻어 체에 밭쳐 물기를 뺀다.

3 큰 볼에 도라지, 고춧가루를 넣어 버무려 물을 들인다.

4 오이는 4등분해 열십(十)자로 썰어 씨를 제거한다. 양파는 0.5cm 폭으로 채 썰고, 대파는 어슷 썬다.

5 다른 볼에 양념 재료를 넣어 섞는다.

6 ③의 도라지가 들어있는 볼에 오이, 양파, 양념을 넣고 무친 후 대파, 통깨를 넣고 살짝 버무린다.

더덕생채

✻ 더덕은 손질이 어렵다고요? 끓는 물에 살짝 데치면 쉬워져요. 보약보다 좋은 뿌리채소인 더덕을 살짝 매콤하게 무쳐 달아난 입맛과 기력을 보충해 줄 더덕생채입니다.

| 조리시간 30분
| 2~3회분

재료
더덕 — 12~14개(300g)
고운 고춧가루 — 2큰술
송송 썬 대파 — 1큰술
통깨 — 1큰술

양념
설탕 — 2큰술
고추장 — 2큰술
다진 마늘 — 1큰술
다진 파 — 1큰술
식초 — 2큰술
국간장 — 1/2큰술
매실청 — 1큰술
참기름 — 1큰술

조리 포인트

밀대를 사용할 때 힘을 너무 많이 주면 더덕이 으깨질 수 있으니 주의하세요. 밀대가 없을 경우 칼등으로 가볍게 더덕을 두드려도 좋아요.

1 더덕은 깨끗이 씻은 후 끓는 물에 넣어 10초간 데친다. 찬물에 헹궈 식힌 후 껍질을 칼로 돌려가며 벗긴다.

2 손질한 더덕은 길게 2~3등분해 밀대로 가볍게 두드려 편다.

3 소금물(물 3컵+굵은소금 1/2큰술)에 10분간 담가 쓴맛을 빼고 키친타월로 물기를 없앤 후 결대로 찢는다. 작은 볼에 양념 재료를 넣어 섞는다.

4 다른 큰 볼에 더덕, 고운 고춧가루를 넣고 버무려 물을 들인다.

5 ④의 더덕이 들어있는 볼에 양념, 대파, 통깨를 넣고 버무린다.

도토리묵무침

* 채소의 숨이 살아있도록 무쳐서 바로 먹는 도토리묵무침이에요. 예로부터 반찬, 별식, 안주로 사랑받아왔던 메뉴지요. 취향에 따라 들기름을 넣으면 더 고소하게 즐길 수 있어요.

조리시간 20분

2~3회분

재료

도토리묵 — 1모(350g)
오이 — 1/2개(100g)
양파 — 1/4개(60g)
상추 — 6장
쑥갓 — 4줄기
깻잎 — 3장
김가루 — 1큰술
통깨 — 1큰술

양념

설탕 — 1/2큰술
고춧가루 — 2큰술
진간장 — 4큰술
매실청 — 1큰술
다진 마늘 — 1큰술
다진 파 — 1큰술
참기름 — 1큰술

 조리 포인트

도토리묵을 끓는 물에 살짝 데치면 탱탱하면서도 부드러운 식감이 살아납니다.

1 도토리묵은 길게 2등분한 후 1cm 두께로 썬다. 끓는 물에 넣어 살짝 데친 후 체에 밭쳐 물기를 뺀다. 큰 볼에 양념 재료를 넣어 섞는다.

2 오이는 길게 2등분해 숟가락으로 씨를 제거한 후 0.5cm 두께로 어슷 썬다. 양파는 0.5cm 폭으로 채 썰고, 상추, 쑥갓, 깻잎은 2cm 폭으로 채 썬다.

3 ①의 볼에 도토리묵, 채소를 넣고 가볍게 버무린 후 김가루와 통깨를 뿌린다.

미역초무침

* 어릴 적 시골에서 양푼에 한가득 무쳐먹었던 할머니표 미역초무침을 재현했어요. 입맛이 없을 때 이만한 반찬이 없답니다.

조리시간 20분(+ 미역 불리기 1시간)
2~3회분

재료
마른 미역 — 25g
오이 — 1/2개(100g)
당근 — 1/10개(20g)
양파 — 1/4개(60g)
통깨 — 1/2큰술

양념
설탕 — 2큰술
다진 마늘 — 1/2큰술
식초 — 5큰술
국간장 — 1큰술
매실청 — 1/2큰술
물엿 — 2큰술
참기름 — 1큰술

 재료 고르기

마른 미역은 산모 미역과 벌크 미역이 있어요. 산모 미역은 미역의 잎이 얇고 부드러운 것이고 벌크 미역은 거칠고 줄기 부분이 많아요.

 조리 포인트

벌크 미역은 8시간 이상 충분히 불리는 게 좋습니다. 일반적인 마른 미역은 마른 행주로 한번 닦아 먼지를 제거한 후에 1시간 정도 물에 불려 사용하면 더 깔끔하답니다.

1 마른 미역은 찬물에 담가 1시간 동안 불린 후 끓는 물에 넣어 색이 변할 때까지 30초간 살짝 데친다. 찬물에 담가 식힌 후 손으로 물기를 꼭 짠다.

2 오이, 당근, 양파는 가늘게 채 썬다.

3 큰 볼에 양념 재료를 넣어 섞는다.

4 ③의 볼에 미역, 오이, 당근, 양파를 넣고 골고루 무친 후 통깨를 뿌린다.

무생채

* 무 하나만 있으면 뚝딱 완성되는 생채입니다. 고운 고춧가루와 굵은 고춧가루를 같이 사용하는 것이 포인트! 취향에 따라 식초를 살짝 넣어도 좋아요.

조리시간 15분
2~3회분

재료
무 ─ 1/2개(500g)
대파 ─ 1/3대
고운 고춧가루 ─ 3큰술
통깨 ─ 약간

양념
설탕 ─ 2큰술
굵은 고춧가루 ─ 3큰술
다진 마늘 ─ 1큰술
까나리액젓 ─ 2큰술
매실청 ─ 1큰술

 재료 고르기

무를 고를 때에는 표면이 희고 매끄러운 것을 고르는 게 좋아요.

1 무는 5cm 길이로 채 썰고 대파는 가늘게 채 썬다.

2 볼에 무, 대파, 고운 고춧가루를 넣고 버무려 물을 들인다.

3 무가 들어있는 볼에 양념 재료를 넣고 골고루 무친 후 통깨를 뿌린다.

굴 무생채

✳ 아삭한 무와 영양 가득한 굴을 넣어 만든 굴 무생채입니다. 버무리자마자 먹어도 좋고 익혀서 김치처럼 먹어도 별미랍니다. 2배 식초를 써야 물이 덜 생겨 오래도록 신선하게 먹을 수 있어요.

| 조리시간 30분
| 2~3회분

재료
무 — 1/2개(500g)
굴 — 2봉(300g)
쪽파 — 2줌(100g)
대파 — 1/2대
통깨 — 약간

양념
설탕 — 2큰술
고춧가루 — 6큰술
다진 마늘 — 1큰술
다진 생강 — 1/2큰술
2배 식초 — 2큰술
멸치액젓 — 2큰술
매실청 — 1/2큰술
참기름 — 1큰술

 재료 고르기
굴은 흰색 부분이 우윳빛이고 검은 띠 부분이 선명한 것이 좋아요. 냄새를 맡아 비리거나 쾌쾌한 냄새의 것은 피하세요.

 조리 포인트
2배 식초를 써야 물이 덜 생겨 오래도록 신선하게 먹을 수 있어요.

1 무는 5cm 길이로 채 썬다. 볼에 소금(1/2큰술), 무를 넣고 버무려 10분간 절인다.

2 굴은 소금물(굴이 잠길 만큼의 물 +소금 1/2큰술)에 담가두었다가 흐르는 물에 씻은 후 체에 받쳐 물기를 뺀다.

3 쪽파는 5cm 길이로 썰고 대파는 어슷 썬다.

4 절인 무 채를 흐르는 물에 씻은 후 손으로 꼭 짜 물기를 최대한 제거한다.

5 큰 볼에 양념 재료를 넣고 섞는다.

6 모든 재료를 넣어 살살 무친다.

콩나물 겨자채

✽ 레몬즙을 더한 겨자 소스에 콩나물을 넣어 색다른 맛의 별미 반찬을 만들었어요. 고소한 땅콩을 뿌려 이국적인 느낌도 물씬 풍긴답니다.

조리시간 20분
2~3회분

재료
콩나물 — 3줌(150g)
초록 파프리카 — 1/2개(100g)
빨간 파프리카 — 1/2개(100g)
게맛살 — 1개(긴 것, 20g)
다진 땅콩 — 1큰술
말린 파슬리가루 — 약간(생략 가능)

양념
설탕 — 2큰술
소금 — 한 꼬집
다진 마늘 — 1큰술
레몬즙 — 1큰술(레몬 1/2개분)
식초 — 1큰술
연겨자 — 1/2큰술

조리 포인트
콩나물을 데칠 때는 뚜껑을 계속 열어두거나 닫아두어야 비린 맛이 없고 식감도 아삭해집니다.

1 끓는 물에 콩나물을 넣어 4분간 데친 후 찬물에 헹궈 체에 밭쳐 물기를 뺀다.

2 파프리카는 0.5cm 두께로 채 썰고, 맛살은 4cm 길이로 썰어 결대로 찢는다.

3 큰 볼에 양념 재료를 넣고 섞은 후 콩나물, 파프리카, 맛살을 넣고 무친다. 땅콩, 파슬리를 넣고 골고루 버무린다.

꽈리고추찜

　＊　꽈리고추는 비타민 C가 풍부하므로 비타민 손실이 적도록 살짝 쪄서 요리하는 게 좋답니다. 꽈리고추의 크기에 따라 찌는 시간을 약간씩 조절하세요.

조리시간 25분

2~3회분

재료
꽈리고추 — 200g
밀가루 — 3큰술

양념
고춧가루 — 1/2큰술
다진 파 — 1큰술
다진 마늘 — 1큰술
국간장 — 2큰술
매실청 — 1/2큰술
올리고당 — 2큰술
참기름 — 1큰술

1 꽈리고추는 꼭지를 제거한 후 포크로 찔러 구멍을 낸다.

2 볼에 꽈리고추, 밀가루를 넣고 버무린다.

3 김이 오른 찜통에 꽈리고추를 넣고 꽈리고추의 크기에 따라 작은 것은 2~3분, 큰 것은 4~5분간 찐다.

4 볼에 양념 재료를 넣어 섞는다.

5 큰 볼에 쪄낸 꽈리고추, 양념을 넣고 가볍게 무친다.

나물

한식에서 절대 빼놓을 수 없는 반찬, 나물은 친숙한 재료로 간단하게 조리할 수 있지만 손맛이 필요해서 맛내기가 어려운 반찬이기도 해요. 식재료 고유의 맛을 살려 깔끔하게 양념하고 살살 무쳐내세요.

콩나물무침 p56

숙주나물 p57

시금치나물 p58

오이나물 p67

깻잎순볶음 p61

무나물 p63

가지나물 p69

시래기나물 p64

고구마줄기볶음 p62

냉이나물 p68

고사리나물 p60

취나물 p59

얼갈이나물 p66

배추나물 p65

콩나물무침

* 콩나물은 국, 나물, 볶음 등 반찬으로 가장 많이 만들어 먹는 식재료죠! 그중에서 아삭한 식감이 좋아 아이, 어른 모두 좋아하는 국민 반찬 콩나물무침을 소개합니다.

조리시간 20분
2~3회분

재료
콩나물 — 4줌(200g)
당근 — 1/4개(50g)
소금 — 2/3큰술
다진 마늘 — 1큰술
다진 파 — 1큰술
참기름 — 1큰술
통깨 — 1큰술

조리 포인트
콩나물을 데칠 때는 뚜껑을 계속 열어두거나 계속 닫아두어야 비린 맛이 없고 식감도 아삭해집니다.

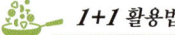
1+1 활용법
양념 재료에 고춧가루 1큰술을 추가해 매운 콩나물무침을 만들어보세요.

1 콩나물은 체에 밭쳐 흐르는 물에 씻고 당근은 가늘게 채 썬다.

2 냄비에 콩나물이 잠길 만큼의 물을 넣고 끓인다. 물이 끓어오르면 소금(한 꼬집), 콩나물을 넣고 4분간 데친다. 체에 밭쳐 찬물로 여러 번 헹궈가며 껍질을 제거한 후 물기를 뺀다.

3 볼에 모든 재료를 넣고 조물조물 무친다.

숙주나물

* 숙주는 녹두를 물에 불려 싹이 나게 하여 기른 나물로 녹두채(綠豆菜)라고도 합니다. 자주 해먹어도 절대 질리지 않는 숙주나물입니다.

조리시간 20분

2~3회분

재료

숙주 — 1봉지(250g~300g)
소금 — 1/3큰술
다진 마늘 — 1큰술
다진 파 — 1큰술
멸치액젓 — 1/2큰술
참기름 — 1큰술
통깨 — 1큰술

 조리 포인트

숙주를 데칠 때 뚜껑을 열면 비린내가 나므로 주의하세요.

1 숙주는 머리, 꼬리를 제거한다.

2 냄비에 숙주와 잠길 만큼의 물, 소금(1/2큰술)을 넣고 뚜껑을 닫아 숙주가 살짝 익을 때까지 4분간 데친다. 체에 밭쳐 찬물로 여러 번 헹궈 식힌 후 물기를 꼭 짠다.

3 볼에 모든 재료를 넣고 조물조물 무친다.

시금치나물

✱ 뽀빠이가 즐겨 먹었던 시금치는 섬유질과 영양이 풍부합니다. 영양 만점 시금치로 만든 시금치나물은 고소하고 담백해 어떤 밥상에나 어울리는 반찬입니다.

조리시간 15분

2~3회분

재료

시금치 — 4줌(200g)
다진 마늘 — 1큰술
다진 파 — 1큰술
국간장 — 1큰술
참기름 — 1큰술
설탕 — 1/3큰술

 조리 포인트

시금치 같은 녹색 채소는 끓는 물에 소금 또는 식용유를 넣고 데치면 윤기가 살아나고 더 아삭해집니다.

1 시금치는 뿌리를 제거한다. 포기가 큰 것은 뿌리 쪽에 열십자(十)로 칼집을 넣어 길게 2~4등분한다.

2 끓는 물에 소금(1/2큰술), 시금치를 넣어 숨이 죽을 때까지 30초간 살짝 데친 후 체에 받쳐 물기를 뺀다. 찬물에 담가 2~3번 이상 헹군 후 물기를 꼭 짠다.

3 볼에 모든 재료를 넣고 조물조물 무친다.

취나물

✱ 향이 좋아 쌈으로도 즐기는 취나물은 체내 염분을 배출해주고, 비타민 A도 풍부합니다. 나른한 봄, 활력을 주는 반찬으로 살짝 데쳐 무친 취나물무침을 강력 추천합니다.

조리시간 15분

2~3회분

재료

취나물 — 4줌(200g)
다진 마늘 — 1큰술
다진 파 — 1큰술
국간장 — 1큰술
참기름 — 1큰술

 재료 고르기

취나물은 잎이 밝은 녹색이면서 시든 것 없이 싱싱하고 잎의 뒷면에 윤기가 흐르는 것, 줄기 끝이 붉은 색을 띠는 것을 고르세요.

 조리 포인트

봄에 나오는 제철 취나물은 부드러우므로 살짝만 데쳐 무치세요. 말린 취나물은 볶을 때 물을 약간 넣고 뚜껑을 닫아 데치면 식감이 더 부드러워집니다.

1 취나물은 누런 잎을 제거하고 깨끗이 손질한다.

2 끓는 물에 소금(1/2큰술), 취나물을 넣고 30초간 데친 후 찬물에 담가 2~3번 헹군다. 물기를 꼭 짠 후 먹기 좋게 2~3등분한다.

3 볼에 모든 재료를 넣고 조물조물 무친다.
↪ 들깻가루 2큰술, 들기름 2큰술을 추가하면 색다르게 즐길 수 있어요.

고사리나물

* 명절에 빠질 수 없는 나물입니다. 불린 고사리도 부드러운데 볶고 졸이는 과정이 더해졌으니 더 부드럽고 국물이 듬뿍 배어 촉촉하고 맛도 구수합니다.

조리시간 20분

2~3회분

재료

불린 고사리 — 400g
식용유 — 1큰술
다진 파 — 2큰술
들기름 — 1큰술
통깨 — 1큰술

양념

맛국물 — 1컵(180㎖)
※ 만들기 24쪽 참고
들깻가루 — 1큰술
다진 마늘 — 1큰술
국간장 — 3큰술

 조리 포인트

말린 고사리는 전날 물에 담가 충분히 불리세요. 또한 불린 고사리는 끓는 물에 데친 후 조리해야 떫고 아린 맛을 제거할 수 있습니다.

1 끓는 물에 소금(1/2큰술), 불린 고사리를 넣고 5분간 데친다. 찬물에 헹궈 체에 밭쳐 물기를 뺀 후 4cm 길이로 썬다.

2 달군 팬에 식용유를 두르고, 고사리를 넣어 중간 불에서 1분간 볶는다.

3 양념 재료를 모두 넣고 중간 불에서 국물이 자작해질 때까지 졸인다. 대파를 넣고 섞은 후 불을 끄고 들기름, 통깨를 넣어 가볍게 버무린다.

깻잎순볶음

❋ 깻잎의 여린 잎인 깻잎순은 깻잎의 향은 그대로 가지고 있으면서 식감이 더 부드러워요. 데쳐서 무쳐도 되지만 볶으면 고소함이 더해져 더 맛있답니다.

조리시간 20분
2~3회분

재료

깻잎순 — 300g
식용유 — 2큰술
송송 썬 대파 — 1큰술
들기름 — 2큰술
통깨 — 1큰술

양념

맛국물 — 1컵(180㎖)
※ 만들기 24쪽 참고
들깻가루 — 4큰술
다진 마늘 — 1큰술
국간장 — 2큰술

조리 포인트

깻잎순을 데친 후 볶을 때에는 잎의 초록색이 없어질 정도로 오래 볶지 말고, 살짝만 볶는 것이 좋아요. 또한 볶은 후 그릇에 덜어 넓게 잘 펼친 후 한 김 식히면 색감을 살릴 수 있어요.

1 깻잎순은 줄기와 질긴 부분을 제거한다.

2 끓는 물에 소금(한 꼬집), 깻잎순을 넣어 5분간 데친 후 찬물에 헹궈 물기를 꼭 짠다.

3 달군 팬에 식용유를 두르고 깻잎순을 넣어 중간 불에서 1분간 볶는다.

4 양념 재료를 넣어 약한 불에서 국물이 거의 없어질 때까지 졸인다. 대파를 넣고 섞은 후 불을 끄고 들기름, 통깨를 넣어 가볍게 버무린다.

⇨ 들깻가루 2큰술, 들기름 2큰술을 추가하면 색다르게 즐길 수 있어요

고구마줄기 볶음

* 여름이 제철인 고구마줄기는 비타민이 풍부해서 건강과 맛을 동시에 잡을 수 있습니다. 들깻가루를 넣고 볶아 특히 더 고소한 반찬이에요.

조리시간 20분
2~3회분

재료
데친 고구마줄기 — 300g
식용유 — 2큰술
송송 썬 대파 — 1큰술
들깻가루 — 3큰술
맛국물 — 약 1/2컵(90㎖)
※ 만들기 24쪽 참고
다진 마늘 — 2큰술
소금 — 1/5큰술
국간장 — 2큰술
들기름 — 2큰술

 재료 고르기

제철 고구마줄기는 수분이 마르지 않은 것, 통통하며 색이 연하고 무르지 않은 것을 골라 껍질을 벗긴 후 데쳐서 사용하면 됩니다. 껍질이 잘 벗겨지지 않는다면 줄기를 꺾어 보세요.
※ 고구마줄기 데치기 : 끓는 물에 소금(1/3큰술), 고구마줄기를 넣어 숨이 죽을 때까지 7~8분간 삶는다.

 조리 포인트

고구마줄기를 양념에 졸일 때 맛국물을 넣은 후 뚜껑을 닫고 오래 삶아야 부드럽습니다.

1 고구마줄기는 체에 밭쳐 헹군 후 물기를 빼고 4cm 길이로 썬다.

2 달군 팬에 식용유를 두르고 고구마줄기를 넣어 중간 불에서 1분간 볶는다.

3 대파, 들깻가루, 맛국물, 다진 마늘을 넣고 섞은 후 뚜껑을 닫고 중약 불에서 고구마줄기가 부드럽게 익을 때까지 5~6분간 끓인다.

4 소금, 국간장을 넣고 국물이 촉촉하게 남아있을 때까지 1~2분간 볶은 후 불을 끈다. 한 김 식힌 후 들기름을 넣고 버무린다.

무나물

* 무의 시원한 맛과 푹 익혀 부드러운 식감이 매력적인 무나물입니다. 무는 전분을 분해하는 효소가 많이 들어 있어 한국인의 밥상에 잘 어울리는 식재료입니다.

조리시간 20분

2~3회분

재료
무 — 2/5개(400g)
물 — 1/2컵(90㎖)
들기름 — 3큰술
통깨 — 1큰술

양념
소금 — 1/2큰술
들깻가루 — 1큰술
다진 마늘 — 1큰술
다진 파 — 1큰술

 재료 고르기

무는 모양이 곧고 잔뿌리가 많지 않은 것을 고르세요. 또한 가을 무가 가장 맛이 좋아요.

1 무는 0.5cm 두께로 채 썬다.

2 달군 팬에 무를 넣어 센 불에서 1분간 볶은 후 물을 넣는다.

3 뚜껑을 닫고 무가 투명해질 때까지 중간 불에서 3~4분 → 양념 재료를 넣고 약한 불에서 물기가 없어질 때까지 1~2분간 볶는다. 불을 끄고 들기름, 통깨를 넣고 섞는다.

시래기나물

* 시골 밥상을 떠올리게 할 반찬입니다. 시래기는 잘못 요리하면 풋내가 나거나 식감이 질겨질 수 있어요. 부드럽고 양념도 맛있게 배는 황금레시피를 소개해드릴게요.

| 조리시간 35분
| 2~3회분

재료

불린 시래기 — 250g
대파 — 1/2대
청양고추 — 1개
밀가루 — 2큰술
다진 마늘 — 1큰술
국간장 — 1큰술
들기름 — 2큰술
맛국물 — 1/2컵(90㎖)
※ 만들기 24쪽 참고
들깻가루 — 2큰술
통깨 — 1큰술

 조리 포인트

1. 시래기와 밀가루를 함께 넣고 삶으면 섬유질을 제거하지 않아도 부드러워집니다.
2. 시래기는 특유의 잡냄새가 있습니다. 잡냄새를 잡기 위하여 청양고추를 곱게 다져 넣으면 시래기를 맛있게 즐길 수 있어요.

1 불린 시래기는 먹기 좋게 4cm 길이로 썬다. 대파는 채 썰고 청양고추는 잘게 다진다.

2 냄비에 시래기가 잠길 만큼의 물, 밀가루, 시래기를 넣고 20분간 끓인 후 찬물에 헹귀 체에 받쳐 물기를 뺀다.

3 볼에 시래기, 청양고추, 다진 마늘, 국간장을 넣고 버무린다.

4 달군 팬에 들기름을 두르고 시래기를 넣어 센 불에서 2분간 볶는다.

5 맛국물, 들깻가루, 대파를 넣고 중간 불에서 3분간 볶은 후 불을 끄고 통깨를 뿌린다.

배추나물

* 순수한 맛에 반하는 자연식 반찬입니다. 아삭하면서도 부드러운 식감과 씹을 때마다 나오는 달콤한 배추 즙이 입맛을 돋우지요.

조리시간 25분
2~3회분

재료
배추 — 1/2포기(약 1kg)
식용유 — 2큰술
참기름 — 2큰술
통깨 — 1큰술

양념
새우젓 — 1과 1/2큰술
다진 마늘 — 1큰술
다진 파 — 2큰술
다진 생강 — 1/3큰술

조리 포인트

배추 잎을 데칠 때 두꺼운 부분부터 넣어서 데쳐야 밑동 부분의 두꺼운 줄기 부분과 얇은 잎사귀 부분의 식감이 모두 좋습니다.

1 배추는 밑동을 제거한 후 먹기 좋은 크기로 썬다.

2 끓는 물에 소금(1/2큰술), 배추 잎을 넣고 숨이 죽을 때까지 30초간 데친다. 찬물에 넣어 헹군 후 체에 밭쳐 물기를 뺀다.

3 데친 배추 잎의 물기를 꼭 짠다.

4 달군 팬 또는 냄비에 식용유를 두른 후 배추를 넣어 중간 불에서 3~4분간 볶는다.

5 양념 재료를 넣고 뚜껑을 닫아 4분간 끓인다. 이때 중간중간 뚜껑을 열어 골고루 뒤섞는다. 불을 끄고 한 김 식힌 후 참기름, 통깨를 넣어 버무린다.

얼갈이나물

* 얼갈이배추는 늦가을에서 초겨울에 심는 배추로 저장용 김치보다는 주로 겉절이나 국거리용, 무침용 등으로 활용이 되는 재료입니다.

조리시간 15분

2~3회분

재료
얼갈이배추 — 12포기(약 600g)
다진 파 — 2큰술
참기름 — 1큰술
통깨 — 1큰술

양념
들깻가루 — 1큰술
고춧가루 — 1/2큰술
된장 — 2큰술
다진 마늘 — 1큰술

 재료 고르기

얼갈이배추는 잎은 짙은 녹색을 띠고 줄기가 연한 것을 고르세요. 잎의 크기에 따라 큰 것은 국거리용, 작은 것은 겉절이나 나물용으로 좋습니다.

 조리 포인트

양념 재료의 된장은 집집마다 염도가 다르니, 버무려서 간을 본 후 취향에 따라 가감해도 좋습니다.

1 얼갈이배추는 흐르는 물에 여러 번 흔들어 씻어 한 장씩 떼어낸다.

2 끓는 물에 소금(1/3큰술), 얼갈이배추를 넣어 중간 불에서 숨이 죽을 때까지 1~2분간 데친 후 찬물에 넣어 헹군다. 체에 받쳐 물기를 뺀 후 먹기 좋은 크기로 썬다.

3 큰 볼에 양념 재료를 넣어 섞는다.

4 ③의 볼에 얼갈이배추, 대파를 넣어 무친다. 참기름을 넣어 살짝 버무린 후 통깨를 뿌린다.

오이나물

* 오이나물은 아삭하고 꼬들한 식감이 일품입니다. 얇게 썰어 소금에 절여 아삭함을 살리는 것이 포인트지요. 만들기도 쉽고, 맛있고 저렴한 착한 반찬입니다.

조리시간 10분(+ 오이 절이기 30분)
2~3회분

재료
오이 — 2개(400g)
식용유 — 2큰술
다진 마늘 — 1큰술
다진 생강 — 1/3큰술
다진 파 — 1큰술
참기름 — 1큰술
통깨 — 1큰술

 조리 포인트

1. 오이는 센 불에 재빨리 볶아야 색이 선명해지고 아삭한 식감도 살릴 수 있습니다.
2. 홍고추 1개를 길게 2등분한 후 가늘게 채 썰어 절인 오이와 함께 볶으면 보기에도 좋은 오이나물이 완성돼요!

1 오이는 굵은소금으로 껍질을 문질러 씻은 후 모양대로 동그랗게 얇게 썬다.

2 볼에 오이, 소금(1/2큰술)을 넣고 잘 섞어 30분간 절인 후 찬물에 헹궈 물기를 꼭 짠다. 골고루 절여지도록 중간중간 섞어준다.

3 달군 팬이나 냄비에 식용유를 두르고 다진 마늘, 다진 생강, 다진 파, 오이를 넣어 센 불에서 30초간 살짝 볶아 그릇에 펼쳐 한 김 식힌다.

4 볼에 모든 재료를 넣고 가볍게 무친다.

냉이나물

✱ 봄이면 생각나는 냉이나물은 특유의 쓴맛이 입맛을 돋우어주는 반찬이에요. 향긋한 냉이는 뿌리가 너무 굵지 않고 잎이 짙은 녹색을 띠는 것을 고르세요.

조리시간 20분
2~3회분

재료
냉이 — 250g
참기름 — 1큰술
통깨 — 1큰술

양념
설탕 — 2큰술
고춧가루 — 2큰술
다진 마늘 — 1큰술
다진 파 — 1큰술
고추장 — 3큰술
국간장 — 1큰술
식초 — 2큰술
매실청 — 1큰술

1 냉이는 칼로 뿌리와 잎 사이의 흙을 제거한 후 깨끗이 씻는다.

2 끓는 물에 소금(1큰술), 손질한 냉이를 뿌리부터 넣어 중간 불에서 5분간 데친다. 체에 밭쳐 찬물에 헹군 후 물기를 뺀다.

3 볼에 양념 재료를 넣고 섞은 후 냉이를 넣고 무친다. 참기름, 통깨를 넣고 섞는다.

가지나물

* 보라색을 띤 가지는 안토시아닌이 풍부해서 항산화에 도움을 주고 식이섬유가 많아서 변비 예방에도 효과적이에요. 건강한 반찬, 가지나물을 소개합니다.

조리시간 20분

2~3회분

재료

가지 — 2개(300g)
다진 마늘 — 1큰술
다진 생강 — 1/3큰술
다진 파 — 2큰술
소금(또는 국간장) — 1/3큰술
참기름 — 1큰술
통깨 — 1큰술

 조리 포인트

가지를 찜기에 넣어 찔 때 껍질 쪽이 바닥에 닿게 놓아야 가지가 물컹거리지 않아요. 또한 너무 오래 찌면 물컹거릴 수 있으니 주의하세요!

1 가지는 길게 2등분한 후 4등분한다.

2 김이 오른 찜기에 가지를 넣고 뚜껑을 닫아 젓가락으로 찔러 들어갈 때까지 10분간 찐다.

3 체에 밭쳐 한 김 식힌 후 먹기 좋은 크기로 찢는다. 볼에 가지, 다진 마늘, 다진 생강, 다진 파, 소금을 넣어 잘 섞은 후 참기름, 통깨를 넣고 가볍게 무친다.

매운 볼어묵볶음 p78

새송이버섯볶음 p72

볶음

고소~한 기름에 채소 볶는 냄새와 소리는 그 어떤 반찬보다 식욕을 자극합니다.
채소, 어묵, 버섯, 소시지, 달걀 등 다양한 재료를 활용할 수 있죠. 어른·아이 모두에게 사랑받는 볶음 반찬을 소개합니다.

간장어묵볶음 p79

부추 달걀볶음 p80

느타리버섯볶음 p73

감자채 햄볶음 p76

애호박볶음 p75

미역줄기볶음 p74

잡채 p81

소시지 야채볶음 p77

새송이버섯 볶음

* 고기 부럽지 않은 식감을 지닌 새송이버섯을 이용한 반찬입니다. 칼로리는 낮고 식이섬유와 수분이 풍부하여 포만감이 좋아 다이어트할 때 먹어도 좋습니다.

조리시간 20분
2~3회분

재료

새송이버섯 — 4개(320g)
양파 — 1/2개(120g)
청피망 — 1/2개(50g)
홍피망 — 1/2개(50g)
식용유 — 3큰술
다진 마늘 — 1큰술
소금 — 2/3큰술
후춧가루 — 한 꼬집
통깨 — 1큰술

재료 고르기

버섯은 부드럽고 단단하며 탄력이 있는 것, 고유의 향기가 뛰어난 것, 버섯 자체의 수분이 적고 갓 밑 부분이 노랗게 변색되지 않은 것을 고르세요.

1 새송이버섯은 모양대로 0.5cm 두께로 썬다. 양파, 피망은 0.5㎝ 폭으로 채 썬다.

2 달군 팬에 식용유를 두른 후 다진 마늘을 넣어 중간 불에서 마늘 향이 올라올 때까지 30초 → 버섯을 넣고 4분 → 양파를 넣고 3분간 볶는다.

3 피망, 소금, 후춧가루를 넣고 30초간 볶은 후 통깨를 뿌린다.

느타리버섯 볶음

✻ 느타리버섯은 버섯 중에서도 감칠맛이 가장 뛰어나요. 쫄깃한 식감에 버섯의 풍미까지 더해져 매력적인 느타리버섯볶음을 소개합니다.

조리시간 25분

2~3회분

재료

느타리버섯 — 3줌(150g)
양파 — 1/4개(60g)
청피망 — 1/4개(25g)
홍피망 — 1/4개(25g)
식용유 — 2큰술
다진 마늘 — 1큰술
다진 생강 — 1/2큰술
소금 — 1/5큰술
참기름 — 1큰술

 조리 포인트

버섯은 끓는 물에 데쳐서 볶아야 부서지지 않고, 맛도 더 좋아집니다. 이때 끓는 물에 넣고 짧은 시간 내에 데쳐야 향과 맛을 살릴 수 있습니다.

1 느타리버섯은 먹기 좋게 찢는다. 양파, 피망은 2cm 폭으로 채 썬다.

2 끓는 물에 소금(1/3큰술), 느타리버섯을 넣고 1~2분간 데쳐 찬물에 10분간 담가둔 후 손으로 물기를 꼭 짠다.

3 달군 팬에 식용유를 두르고 다진 마늘, 다진 생강, 양파를 넣어 중간 불에서 2분 → 느타리버섯을 넣고 1분간 볶는다.

3 소금, 피망을 넣고 30초간 볶는다. 불을 끄고 참기름을 두른 후 섞는다.

미역줄기볶음

* 바다에서 금방 건져낸 것처럼 바다 내음 가득한 미역줄기는 식이섬유가 풍부해 변비 예방에 좋아요. 비린내 없이 부드럽고 맛있는 미역줄기볶음을 만들어 보세요.

조리시간 30분

2~3회분

재료

염장 미역줄기 — 180g
(소금기 뺀 후 약 125g)
식용유 — 2큰술
다진 마늘 — 1큰술
맛술 — 2큰술
진간장 — 1큰술
들기름 — 1큰술
통깨 — 1큰술

 조리 포인트

미역줄기를 씻을 때 주물러 씻으면 비린내도 짠 내도 줄어듭니다. 하지만 짠기를 완전히 빼면 맛이 없으니 주의하세요.

1 염장 미역줄기는 흐르는 물에 여러 번 씻어 소금기를 제거한다. 물에 10분간 담가 둔 후 체에 밭쳐 물기를 뺀다.

2 끓는 물에 식초(1큰술), 미역줄기를 넣은 후 바로 체로 건져낸다.

3 찬물에 헹궈 물기를 뺀 후 2~3등분한다.

4 달군 팬에 식용유를 두르고 다진 마늘, 미역줄기를 넣어 중간 불에서 2분 → 맛술, 간장을 넣고 2분간 볶은 후 불을 끈다. 들기름, 통깨를 넣어 가볍게 버무린다.

애호박볶음

✳ 애호박은 달콤한 맛으로 입맛을 돋아주는 반찬입니다. 만들기도 간단한 애호박볶음을 뚝딱 만들어 오늘 밥상에 올려보세요.

조리시간 20분

2~3회분

재료

애호박 — 1/2개(135g)
당근 — 1/4개(50g)
식용유 — 1큰술
다진 마늘 — 1큰술
새우젓 — 1/2큰술
들기름 — 1큰술

 조리 포인트

새우젓을 넣으면 호박이 부서지지 않고 소금을 넣었을 때보다 감칠맛이 좋아요.

1 애호박은 0.5cm 두께의 반달 모양으로, 당근은 가늘게 채 썬다.

2 볼에 애호박, 당근, 소금(1/3큰술)을 넣고 잘 섞어 5분간 절인 후 체에 밭쳐 물기를 뺀다.

3 달군 팬에 식용유를 두르고 다진 마늘을 넣어 중간 불에서 30초 → 애호박을 넣어 3~4분 → 당근을 넣고 1분간 볶는다.

3 새우젓, 들기름을 넣어 섞은 후 불을 끈다.

감자채 햄볶음

* 담백한 맛 덕분에 어른은 물론 아이들도 좋아하는 감자채 햄볶음입니다. 감자채가 부서지지 않도록 조리하는 꿀팁을 소개하니 꼭 따라 해보세요.

조리시간 25분

2~3회분

재료

감자 — 2개(400g)
스모크 햄 — 약 1/12개(80g)
피망 — 1/2개(50g)
양파 — 1/2개(120g)
당근 — 1/3개(70g)
식용유 — 2큰술
소금 — 1/2큰술
후춧가루 — 한 꼬집
통깨 — 1큰술

조리 포인트

감자를 채 썬 후 찬물로 충분히 헹궈 전분을 제거하고, 소금물에 살짝 절여 볶으면 감자가 부서지는 것을 줄여 깔끔한 감자채볶음을 만들 수 있습니다.

1+1 활용법

취향에 따라 소금을 카레가루나 짜장가루 1~2큰술로 대체하면 색다른 감자채볶음을 만들 수 있습니다.

1 감자는 필러로 껍질을 벗겨 0.5cm 두께로 채 썬다. 체에 밭쳐 흐르는 물에 헹군 후 소금물(감자가 잠길 만큼의 물+소금 1큰술)에 10분간 담가두었다가 찬물에 헹궈 물기를 뺀다.

2 햄, 피망, 양파, 당근은 감자와 같은 크기로 채 썬다.

3 달군 팬에 식용유를 두르고 감자를 넣어 중간 불에서 투명해질 때까지 4~5분간 볶는다.

4 햄, 양파, 당근을 넣고 1분 → 피망, 소금, 후춧가루를 넣고 30초간 볶는다. 불을 끄고 통깨를 뿌린다.

소시지 야채볶음

✱ 어릴 때 엄마가 싸 주셨던 사랑이 듬뿍 담긴 도시락 반찬, 쏘·야 기억하시나요? 그냥 볶아도 맛있지만, 각종 채소와 케첩, 양념과 함께 볶으면 반찬으로도 술안주로도 안성맞춤!

조리시간 20분
2~3회분

재료
비엔나 소시지 — 250g
양파 — 1/2개(120g)
피망 — 1/2개(50g)
당근 — 1/3개(70g)
식용유 — 2큰술
다진 마늘 — 1큰술
통깨 — 1큰술

양념 ①
고추장 — 1큰술
토마토케첩 — 4큰술
굴소스 — 1큰술
물엿 — 2큰술

 **1+1 활용법**

반찬이 아니라 술안주 또는 파스타 등 양식 메뉴에 곁들일 요리로 즐기고 싶다면 양념을 바꿔보세요.
양념 ② : 설탕 1큰술, 스테이크 소스 2큰술, 토마토케첩 4큰술, 물엿 2큰술

1 소시지는 칼집을 낸다. 양파, 피망은 한입 크기로 썰고 당근은 반달 모양으로 얇게 썬다. 볼에 양념 재료를 넣어 섞는다.

2 끓는 물에 소시지를 넣고 1분간 데친다. 찬물에 헹군 후 체에 밭쳐 물기를 뺀다.

3 달군 팬에 식용유를 두르고 다진 마늘, 양파를 넣어 중간 불에서 2분 → 당근, 소시지를 넣어 1분 → 양념을 넣고 1분간 볶은 후 불을 끄고 피망, 통깨를 넣어 섞는다.

매운 볼어묵 볶음

* 쫄깃한 어묵과 매콤달콤한 양념이 잘 어울리는 반찬이에요. 볼어묵 대신 사각 어묵으로 만들어도 좋아요!

| 조리시간 25분
| 3-4인분

재료

볼어묵 — 200g(또는 사각 어묵 4장)
양파 — 1/2개(120g)
대파 — 1/4대
식용유 — 2큰술
다진 마늘 — 1큰술
참기름 — 1큰술
통깨 — 1큰술

양념

설탕 — 1큰술
굵은 고춧가루 — 1큰술
고운 고춧가루 — 1큰술
고추장 — 1큰술
물 — 2큰술
진간장 — 2큰술
올리고당 — 2큰술

1 양파는 0.5cm 폭으로 채 썰고, 대파는 어슷 썬다. 볼에 양념 재료를 넣어 섞는다.

2 달군 팬에 식용유를 두르고 다진 마늘을 넣어 중간 불에서 30초 → 양파를 넣고 1분 → 어묵을 넣고 30초간 볶는다.

3 양념, 대파를 넣고 1분간 볶아 불을 끈다. 참기름, 통깨를 넣고 가볍게 섞는다.

간장어묵볶음

✱ 어묵볶음은 언제 먹어도 맛있는 반찬입니다. 추억을 떠올리다 보니 어묵볶음보다는 오뎅볶음이 더 맛있게 느껴지는 것 같아요.

| 조리시간 15분
| 3-4인분

재료

사각 어묵 — 4장(또는 볼어묵, 200g)
양파 — 1/2개(120g)
당근 — 1/7개(30g)
대파 — 1/4대
식용유 — 2큰술
다진 마늘 — 1큰술
설탕 — 1큰술
진간장 — 2큰술
후춧가루 — 한 꼬집
참기름 — 1큰술
통깨 — 1큰술

 조리 포인트

어묵을 썬 후에 끓는 물을 살짝 부어 기름기를 제거한 뒤에 요리를 하면 담백해요.

1 어묵은 길게 2등분한 후 1cm 폭으로 썬다. 당근은 어묵과 같은 크기로 썬다. 양파는 0.5cm 폭으로, 대파는 어슷 썬다.

2 달군 팬에 식용유를 두르고 다진 마늘을 넣어 중간 불에서 30초 → 양파를 넣어 1분 → 어묵, 당근을 넣고 30초간 볶는다.

3 설탕, 간장, 후춧가루, 대파를 넣고 30초간 볶아 불을 끈다. 참기름, 통깨를 넣고 가볍게 섞는다.

부추 달걀볶음

* 집에서 빠르고 간단하게 만들 수 있는 반찬이에요. 자극적이지 않고 부드러워서 누구나 부담 없이 먹을 수 있답니다.

| 조리시간 15분
| 2~3회분

재료
- 부추 — 2줌(100g)
- 양파 — 1/4개(60g)
- 당근 — 1/4개(50g)
- 달걀 — 4개
- 맛술 — 1큰술
- 식용유 — 2큰술
- 다진 마늘 — 1큰술
- 새우젓 — 1/2큰술
- 참기름 — 1큰술
- 후춧가루 — 한 꼬집
- 통깨 — 1큰술

조리 포인트

모든 조리가 끝난 후에는 곧바로 접시에 덜어두세요. 불을 꺼도 팬에 남은 열 때문에 부추의 숨이 죽을 수 있답니다.

1 부추는 4cm 길이로, 양파, 당근은 가늘게 채 썬다.

2 달걀은 잘 푼 후 체에 걸러 알끈을 제거하고 맛술을 넣어 섞는다.

3 달군 팬에 식용유를 두른 후 다진 마늘을 넣고 중간 불에서 20초 → 양파, 당근을 넣고 30초 → 부추, 새우젓을 넣고 20초간 볶아 한 쪽으로 밀어둔다.

4 다른 한 쪽에 달걀을 부어 덩어리 지기 시작하면 약한 불에서 30초간 볶는다.

5 불을 끄고 참기름, 후춧가루, 통깨를 넣고 가볍게 섞는다.

잡채

* 좋은 사람들과의 행복한 한 끼 식사에 올리면 더없이 푸짐해지는 반찬, 잡채를 소개합니다.

> **조리시간 40분**
> (+ 당면, 목이버섯 불리기 1시간)
>
> **3-4인분**

재료
당면 — 150g
소고기 잡채용 — 100g
말린 목이버섯 — 5~6개(10g)
느타리버섯 — 2줌(100g)
양파 — 1개(240g)
청피망 — 1/2개(50g)
홍피망 — 1/2개(50g)
당근 — 1/4개(50g)
시금치 — 1/4단(70g)
식용유 — 적당량
참기름 — 2큰술
통깨 — 2큰술

밑간
다진 마늘 — 1/2큰술
맛술 — 2큰술
진간장 — 1/2큰술
후춧가루 — 한 꼬집

양념
설탕 — 3큰술
다진 마늘 — 1큰술
매실청 — 1/2큰술
물엿 — 2큰술
진간장 — 6큰술
후춧가루 — 약간

🏠 조리 포인트
양파 → 당근 → 청피망 → 홍피망 → 고기 순으로 볶아야 물들지 않고, 조리기구를 최소한으로 쓸 수 있어요.

1 당면, 목이버섯은 물에 담가 1시간 불린다. 볼에 소고기, 밑간 재료를 넣어 버무려 10분간 둔다. 불린 목이버섯은 한입 크기로, 양파, 피망, 당근은 가늘게 채 썬다.

2 느타리버섯은 가늘게 찢어 끓는 물에 소금(한 꼬집)과 함께 넣어 1분 데친 후 건져내고 시금치를 넣어 1분간 데친다. 각각 찬물로 헹군 후 물기를 꼭 짠다.

3 큰 냄비에 물을 넉넉히 붓고 끓인다. 당면을 넣고 6분간 삶아 찬물에 헹군 후 체에 밭쳐 물기를 뺀다.

4 달군 팬에 식용유를 두르고 센 불에서 양파, 당근, 피망 순으로 각각 2분, 1분, 30초간 볶아 덜어두고, 소고기를 넣어 3분간 볶아 그릇에 덜어둔다.

5 팬에 목이버섯을 넣어 중간 불에서 2분간 볶아 덜어두고 양념 재료를 넣어 약한 불에서 30초간 끓인다.

6 큰 볼에 당면, 채소, 고기, 양념을 넣어 잘 섞은 후 참기름, 통깨를 넣어 가볍게 버무린다.

들깨 시래기조림 p87

두부조림 p84

가지조림 p86

단호박조림 p85

단호박전 p94

고추전 p90

동그랑땡 p88

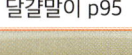
깻잎전 p89

조림·전

반찬 중의 끝판왕!
양념에 촉촉하게 졸인 조림과
지글지글 기름에 부쳐낸
따끈한 전을 모아보았습니다.
손은 조금 많이 가지만
그 어떤 반찬보다 존재감이 느껴지죠.
기분 좋은 날, 기쁜 마음으로 만들어보세요!

달걀말이 p95

고추장떡 p91

굴 김치전 p93

굴전 p92

두부조림

* 언제 먹어도 맛있는 두부조림입니다. 국물을 자작하게 만들어 밥과 비벼 먹으면 최고죠! 완성된 두부조림은 바로 먹는 것도 맛있고, 냉장 보관해두었다가 차게 먹어도 맛있답니다.

조리시간 35분
2~3회분

재료
두부 큰 팩 — 1모(부침용, 300g)
양파 — 1/2개(120g)
대파 — 1/2대
소금 — 1/2큰술
후춧가루 — 1/3큰술
식용유 — 2큰술
통깨 — 1큰술

양념
설탕 — 1큰술
고춧가루 — 1큰술
다진 마늘 — 1큰술
진간장 — 3큰술
맛술 — 1큰술
매실청 — 1큰술
참기름 — 1큰술
후춧가루 — 한 꼬집
맛국물 — 1컵(180㎖)
※ 만들기 24쪽 참고

1 두부는 길게 2등분한 후 6~8등분해 그릇에 펼쳐 올린다. 소금, 후춧가루를 골고루 뿌려 15~20분간 밑간하고 체에 밭쳐 물기를 뺀다.

2 양파는 0.5cm 폭으로 썰고, 대파는 어슷 썬다. 볼에 양념 재료를 넣어 섞는다.

3 밑간한 두부는 키친타월로 감싸 물기를 제거한다.

4 달군 팬에 식용유를 두른 후 두부를 올려 중약 불에서 앞뒤로 노릇하게 4분간 굽는다.

5 두부 위에 양념을 골고루 붓고 중간 불에서 국물이 자작해질 때까지 4분간 졸인다.

6 대파, 양파를 넣어 3분간 졸인 후 그릇에 담고 통깨를 뿌린다.

단호박조림

* 부드럽고 달콤한 단호박조림입니다. 입에서 살살 녹는 맛이죠. 따뜻할 때 더 맛있어요.

조리시간 40분
2~3회분

재료
단호박 — 1통(450g)
호두 — 2컵(200g)
올리브유 — 2큰술(또는 식용유)
물 — 1컵(180㎖)

양념
설탕 — 1큰술
진간장 — 1큰술
맛술 — 1큰술
물엿 — 1큰술

 조리 포인트

단호박은 식초를 약간 넣어 잘 섞은 물에 넣어 세척하고, 견과류는 조리하기 전에 체에 넣어 불순물을 털어주면 좋습니다.

 1+1 활용법

양념에 매실청 1큰술을 추가하면 새콤한 맛이 더해져 색다른 단호박조림을 즐길 수 있습니다.

1 단호박은 2등분해 숟가락으로 긁어 씨를 제거한 후 한입 크기로 썬다. 볼에 양념 재료를 넣어 섞는다.

2 달군 팬에 올리브유를 두르고 단호박을 넣어 중간 불에서 노릇해질 때까지 볶는다.

3 물을 넣고 5분 → 호두, 양념을 넣고 중약 불로 줄여 15분간 졸인다.

가지조림

* 가지는 부드러운 식감 덕분에 반찬으로 많이 애용되는 채소입니다. 칼로리가 낮고 수분이 90% 이상 되는 다이어트 채소이기도 하지요. 달큼하고 짭조름한 가지조림을 소개합니다.

| 조리시간 15분
| 2~3회분

재료
가지 — 3개(450g)
양파 — 1/2개(120g)
대파 — 1/2대
식용유 — 3큰술
참기름 — 1큰술
통깨 — 1큰술

양념
설탕 — 1큰술
다진 마늘 — 1큰술
진간장 — 3큰술
맛술 — 1큰술
물엿 — 1큰술
물 — 1컵(180㎖)

 재료 고르기
가지는 색이 선명하고 윤기가 있는 것, 구부러지지 않고 모양이 곧은 것을 고르세요.

 조리 포인트
오래 볶을수록 식감이 물컹해지니 주의하세요.

1 가지는 길게 2~3등분해 4cm 길이로 썬다. 양파는 0.5cm 폭으로 채 썬다. 대파는 어슷 썬 후 채 썬다.

2 볼에 양념 재료를 넣어 섞는다.

3 달군 팬에 식용유를 두르고 가지를 넣어 중간 불에서 앞뒤로 1분 30초간 굽는다.

4 양파, 대파를 넣고 1분간 볶은 후 양념을 넣고 국물이 자작해질 때까지 2~3분간 졸인다. 불을 끄고 참기름, 통깨를 넣고 가볍게 버무린다.

들깨 시래기 조림

✽ 시래기에는 비타민과 무기질, 식이섬유가 골고루 들어있어요. 들깨의 구수함과 양념 잘 밴 시래기의 씹는 맛이 일품인 시래기조림을 소개합니다.

| 조리시간 45분
| 2~3회분

재료

불린 시래기 — 300g
대파 — 1/2대
청양고추 — 1개
홍고추 — 1개
국물용 멸치 — 10마리
맛국물 — 2컵(360㎖)
※ 만들기 24쪽 참고
다진 마늘 — 1/2큰술
된장 — 2큰술
들깻가루 — 1/4컵
참기름 — 1/2큰술
들기름 — 1/2큰술
통깨 — 1/2큰술

 조리 포인트

시래기를 삶을 때 밀가루를 넣으면 더 부드러워져요.

1 시래기는 손질하여 먹기 좋게 썬다. 냄비에 물, 밀가루(2큰술), 시래기를 넣어 20분간 삶아 체에 밭쳐 물기를 뺀다.

2 대파, 고추는 송송 썬다.

3 깊은 팬 또는 냄비에 시래기, 멸치, 맛국물, 다진 마늘, 된장을 넣고 중간 불에서 국물이 자작해질 때까지 4~5분간 졸인다.

3 들깻가루, 대파, 고추를 넣고 국물이 거의 없어질 때까지 졸인 후 불을 끈다. 참기름, 들기름, 통깨를 넣고 가볍게 섞는다.
➪ 기호에 따라 소금, 고춧가루를 추가해도 좋아요.

동그랑땡

* 각종 채소와 다진 고기를 반죽해 엽전 크기로 동글납작하게 만들어 모양이 '돈'같다 하여 붙여진 이름입니다. 반죽을 만들어 여러 가지 반찬으로 응용할 수 있어요.

조리시간 45분

20~25개분

재료
다진 돼지고기 — 250g
두부 큰 팩 — 1/2모(부침용, 150g)
양파 — 1/2개(120g)
당근 — 1/3개(70g)
대파 — 1대
달걀 — 2개
소금 — 한 꼬집
밀가루 — 1컵
식용유 — 적당량

양념
진간장 — 1큰술
다진 마늘 — 1큰술
참기름 — 1큰술
후춧가루 — 한 꼬집

 조리 포인트

동그랑땡 반죽은 한 번 만들 때 많이 만들어서 냉동해둔 후 다양하게 활용하면 좋습니다. 보관하기 쉽고 꺼내 먹기 쉽도록 랩 위에 동그랑땡 반죽을 올린 후 김밥 말 듯 돌돌 말아서 냉동 보관하세요. 먹기 직전 꺼내서 1cm 두께로 썰어 밀가루 → 달걀물 순으로 묻혀 부치면 언제든 맛있게 드실 수 있습니다.

1 두부는 면포 또는 키친타월로 감싸 손으로 꼭 짜 물기를 제거한 후 칼 옆면으로 눌러 으깬다.

2 양파, 당근, 대파는 잘게 다진다. 볼에 달걀을 넣어 푼 후 소금을 넣는다.

3 큰 볼에 돼지고기, 채소, 두부, 양념 재료를 넣고 잘 섞은 후 충분히 치대가며 반죽한다.

4 반죽을 한입 크기로 동글납작하게 빚는다.

5 반죽에 밀가루를 얇게 묻힌 후에 살짝 털어내고 달걀물을 입힌다.

6 달군 팬에 식용유 두르고 반죽을 올려 약한 불에서 앞뒤로 노릇해질 때까지 9~10분간 굽는다.

깻잎전

✱ 정성 가득 깻잎전을 만들어볼까요? 동그랑땡 반죽만 있으면 누구나 쉽게 완성할 수 있어요.

조리시간 20분

20개분

재료

깻잎 — 20장
동그랑땡 반죽 — 1kg
(동그랑땡 20~25개분)
※ 만들기 88쪽 참고
달걀 — 2개
소금 — 한 꼬집
밀가루 — 1컵
식용유 — 적당량

1 볼에 달걀을 넣어 푼 후 소금을 넣어 섞는다. 깻잎은 꼭지를 제거한 후 앞뒤로 밀가루를 얇게 묻혀 반쪽에만 동그랑땡 반죽 1/20분량을 올려 반으로 접는다.

2 깻잎전 앞뒤로 다시 밀가루를 얇게 묻힌 후 살짝 털어내고 달걀물을 입힌다. 달군 팬에 식용유를 넉넉하게 두른 후 깻잎전을 올려 약한 불에 앞뒤로 5분간 굽는다.

고추전

* 맵지 않은 아삭이고추로 만들어 아이와 어른 모두 좋아하는 고추전입니다. 고추가 상큼해서 기름진 맛을 잡아줘요.

조리시간 20분
20개분

재료
아삭이고추 — 10개
동그랑땡 반죽 — 1kg(동그랑땡 20~25개분)
※ 만들기 88쪽 참고
달걀 — 2개
밀가루 — 1컵
소금 — 한 꼬집
식용유 — 적당량

1 아삭이고추는 꼭지를 뗀 후 길게 2등분해 씨를 제거한다. 볼에 달걀을 넣어 푼 후 소금을 넣고 섞는다.

2 고추 안쪽 면에 밀가루를 얇게 묻혀 동그랑땡 반죽 1/20분량을 넣는다. 고추전에 밀가루를 얇게 묻힌 후 달걀물을 입힌다. 달군 팬에 식용유를 두르고 반죽을 채운 부분이 아래를 향하도록 고추를 올린다.

3 약한 불에서 앞뒤로 노릇하게 4분간 굽는다.

고추장떡

* 고추장과 된장을 넣어 반죽해 구수하면서도 매콤한 고추장떡입니다. 각종 해물과 채소를 넣은 고추장떡을 바삭하게 부쳐 특별 반찬으로 즐기세요. 비 오는 날에 만들면 인기만점!

조리시간 20분
20~25개분

재료
- 영양부추 — 1단(또는 부추, 160g)
- 양파 — 1/4개(60g)
- 깻잎 — 15장
- 청양고추 — 2개
- 모둠 해물 — 250g(오징어, 바지락, 새우, 조갯살 등)
- 식용유 — 적당량

반죽
- 튀김가루 — 2/3컵
- 부침가루 — 2/3컵
- 고춧가루 — 1큰술
- 다진 마늘 — 2큰술
- 된장 — 1큰술
- 고추장 — 2큰술
- 찬물 — 1과 1/2컵(270㎖)

1. 영양부추는 2cm 길이로 썰고 양파, 깻잎은 1cm 폭으로 채 썬다. 청양고추는 얇게 어슷 썰고 해물은 굵게 다진다.

2. 볼에 반죽 재료를 넣어 잘 섞은 후 채소와 해물을 넣어 반죽한다.

3. 달군 팬에 식용유를 넉넉히 두르고 반죽을 한입 크기로 올려 약한 불에서 앞뒤로 노릇하게 부친다.
   ➾ 모둠 해물을 소고기, 돼지고기, 김치로 대체해도 좋아요.

굴전

* 겨울 보약, 굴로 만든 별미 중의 별미, 굴전 레시피를 소개합니다. 굴 대신 바지락살이나, 꼬막살을 넣어도 맛있어요.

조리시간 30분
15개분

재료
굴 — 1컵(또는 조갯살, 200g)
다진 파 — 5큰술
무 — 1/2개(굴 세척용)
식용유 — 적당량
달걀 — 2개
레몬즙 — 2큰술
소금 — 한 꼬집
부침가루 — 6큰술

 조리 포인트

굴이 비린내가 나지 않도록 손질하는 것이 이 레시피의 핵심입니다. 무즙을 이용하여 세척하면 이물질 제거가 더 수월하고, 굴의 비릿함을 잡아주는 데 도움이 됩니다. 무즙 대신 소금물(물 2컵+소금 1큰술)에 넣고 굴을 넣어 살살 흔들어가며 씻어도 돼요.

1 무를 강판에 갈아 볼에 붓고 굴을 넣어 10분간 담가둔 후 살살 비벼가며 씻는다. 체에 밭쳐 찬물에 헹군 후 물기를 뺀다. 볼에 굴, 레몬즙을 넣고 버무린다.

2 다른 볼에 달걀을 넣어 푼 후 대파, 소금을 넣고 섞는다. 굴에 부침가루를 묻힌 후 살짝 털어내고 달걀물을 입힌다. 달군 팬에 식용유를 넉넉히 두르고 굴을 올려 약한 불에서 노릇하게 2~3분간 익힌다.

굴 김치전

✱ 김치와 굴의 궁합이 생각보다 좋아서 깜짝 놀라실 거예요. 특별한 반찬으로 강력 추천합니다!

조리시간 10분
10~12개분

재료

세척한 굴 — 3/4컵(150g)
※ 굴 세척법 : 굴전 과정① 참고
배추김치 — 1컵(150g)
다진 파 — 5큰술
물 — 2큰술
식용유 — 적당량

반죽

달걀 — 1개
밀가루 — 2/3컵
김치 국물 — 2큰술
참기름 — 1큰술
후춧가루 — 한 꼬집

양념장

고춧가루 — 1/2큰술(생략 가능)
식초 — 1큰술
양조간장 — 1큰술
물엿 — 1큰술(또는 올리고당)

1. 배추김치는 굵게 다진다. 볼에 양념장 재료를 넣어 섞는다.

2. 볼에 반죽 재료를 넣어 잘 섞은 후 굴, 김치, 다진 파를 넣고 물을 조금씩 넣어가며 농도를 맞춰 가볍게 섞는다.

3. 달군 팬에 식용유를 넉넉히 두르고 반죽을 2큰술 올려 편다. 약한 불에서 노릇하게 2~3분간 부친다. 양념장을 곁들인다.

단호박전

* 달콤한 단호박과 매콤한 청양고추가 잘 어울리는 색다른 전입니다. 부침가루를 적게 써서 튀기듯 부쳐내면 바삭한 야채튀김같은 맛이 나요!

조리시간 20분
20~25개분

재료
단호박 — 1/2개(230g)
양파 — 1/2개(120g)
당근 — 1/5개(40g)
청양고추 — 2개
대파 — 1/3대
식용유 — 적당량

반죽
부침가루 — 8큰술
튀김가루 — 8큰술
다진 마늘 — 2큰술
참기름 — 2큰술
소금 — 2꼬집
물 — 1컵(180㎖)

1 단호박은 2등분해 숟가락으로 긁어 씨를 제거한 후 가늘게 채 썬다. 양파, 당근도 가늘게 채 썬다. 고추는 얇게 송송 썰고 대파는 3cm 길이로 썬 후 길게 4등분한다.

2 볼에 반죽 재료를 넣어 잘 섞은 후 채소를 넣고 섞는다.

3 달군 팬에 식용유를 넉넉히 두르고 ②의 반죽을 1큰술 올려 편 후 약한 불에서 노릇해질 때까지 앞뒤로 2~3분간 부친다.

달걀말이

* 보들보들한 식감이 매력 있는 구선손반표 달걀말이예요! 기름 두른 팬에 얇게 펴서 여러 번 말아 도톰하게 만든 후 토마토케첩을 곁들여 보세요.

조리시간 15분

2~3회분

재료

달걀 — 5개
다진 채소 — 1컵
(애호박, 양파, 당근 등, 150g)
소금 — 1/3큰술
맛술 — 1큰술
식용유 — 적당량

 1+1 활용법

취향에 따라 마요네즈(1큰술), 파마산 치즈가루(1큰술)를 추가하면 고소한 풍미가 있는 달걀말이를 즐기실 수 있습니다.

 조리 포인트

달걀말이가 뜨거울 때 김발로 모양을 잡으면 더 보기 좋은 달걀말이를 만들 수 있어요. 단, 달걀말이가 식기 전에 모양을 잡아야 하니 주의하세요.

1 볼에 달걀을 넣어 푼 후 소금, 맛술, 채소를 넣고 섞는다.

2 달군 팬에 식용유를 두르고 키친타월로 펴 바른 후 달걀물 1/3분량을 붓는다.

3 약한 불에서 85% 정도 익을 때까지 30초~1분간 구운 후 뒤집개로 돌돌 말아 팬 한쪽으로 달걀말이를 밀어둔다.

4 반대 쪽에 다시 식용유를 두른 후 키친타월로 펴 바른다. 나머지 달걀물 1/3분량을 붓고 85% 정도 익으면 돌돌 만다.

5 동일한 과정으로 남은 달걀물을 2번 나눠가며 붓고 돌돌 만다.
➡ 팬의 크기에 따라 달걀물 양을 조절하세요.

6 달걀말이를 김발에 올려 모양을 잡은 후 한 김 식혀 1.5cm 두께로 썬다. 칼을 살짝 눕혀 비스듬히 썰어도 좋다.

★★★★

밑반찬

≳ 언제나 손쉽게 꺼내 먹어요! ≲
만들어서 냉장실에 넣어 5~7일 이상
두고두고 먹어도 맛있는 반찬

이번에 소개할 반찬은 건어물, 뿌리채소, 콩 등
평소에 잘 먹지 않는 식재료로 만든 건강 반찬입니다.
시간이 지날수록 간이 더 쏙쏙 잘 배 맛있으니
일주일 먹을 분량을 만들어
밑반찬으로 두고두고 드셔도 좋아요.

마른반찬·조림

수분이 적은 뿌리채소와 건어물로 만든 마른반찬, 간장에 졸인 반찬은 저장성이 좋아 오래 두고 먹기 좋답니다. 밑반찬 중에서 인기 많은 반찬들만 모아 소개합니다. 만들어두면 일주일은 반찬 걱정 없어요!

고추장멸치볶음 p100

진미채볶음(간장) p101

뱅어포구이 p103

쥐치포고추장무침 p102

진미채볶음(고추장) p101

땅콩 호두조림 p105

알감자조림 p106

보리새우볶음 p104

닭가슴살장조림 p111
볶음김치 p109
소고기 메추리알장조림 p112
마약계란장 p113
콩자반 p108
우엉조림 p107
깻잎찜 p110
연근조림 p107

고추장멸치 볶음

* 오래 사랑받고 있는 반찬을 준비해보았습니다. 칼슘 덩어리인 뼈째 먹는 생선, 멸치로 만든 매콤한 고추장멸치볶음입니다.

조리시간 10분

2~3회분

재료

중멸치 — 2컵(120g)
식용유 — 2큰술
참기름 — 1큰술
통깨 — 1/2큰술

양념

설탕 — 1큰술
고춧가루 — 1큰술
고추장 — 2큰술
매실청 — 1큰술
물 — 2큰술
진간장 — 1큰술
맛술 — 2큰술
물엿 — 2큰술

 조리 포인트

1. 멸치를 마른 팬에 볶아야 비린내가 나지 않아요. 그리고 중멸치는 머리와 내장을 제거해야 쓴맛이 나지 않습니다.
2. 견과류(아몬드, 땅콩, 호두, 해바라기씨 등)를 넣으면 더 담백해요.

1 멸치는 내장을 제거한 후 마른 팬에 넣고 중간 불에서 노릇하게 5분간 볶는다.

2 볶은 멸치는 체에 밭쳐 부스러기를 털어낸다.

3 팬에 양념을 넣고 중간 불에서 1분 → 중멸치를 넣고 1분간 끓인 후 불을 끈다. 참기름, 통깨를 넣어 가볍게 섞는다.

진미채볶음

* 아이들이 좋아하는 진미채간장볶음과 국민 반찬, 진미채고추장볶음! 냉장고에 넣어 두어도 딱딱해지지 않고 부드럽게 오래 먹을 수 있는 총각네 반찬가게 비밀 레시피입니다.

조리시간 20분
2~3회분

재료
진미채 — 3줌(120g)
참기름 — 1큰술
통깨 — 1/2큰술

| 선택1 | 간장양념
다진 마늘 — 1큰술
물 — 2큰술
진간장 — 2큰술
맛술 — 1큰술
물엿 — 2큰술

| 선택2 | 고추장양념
고춧가루 — 2큰술
고추장 — 4큰술
다진 마늘 — 1큰술
물 — 5큰술
진간장 — 1큰술
맛술 — 2큰술
물엿 — 5큰술

조리 포인트
진미채는 딱딱해지거나 덩어리지지 않게 조리하는 것이 중요해요. 더 부드럽게 먹고 싶다면, 진미채를 물에 살짝 적신 후 물기를 제거하고 마요네즈(2큰술)와 함께 살짝 버무려두었다가 조리하세요.

1 진미채는 체에 밭쳐 흐르는 물에 2~3회 헹군다. 볼에 양념 재료를 넣어 섞는다.
➪ 진미채는 물에 오래 담가두면 감칠맛이 줄어요!

2 팬에 양념을 넣고 약한 불에서 1분간 끓인다.

3 진미채를 넣고 2분간 볶은 후 불을 끈다. 참기름, 통깨를 넣어 가볍게 섞는다.

쥐치포고추장 무침

✽ 쥐포는 쥐치포가 바른말입니다. 간식으로 구워 먹어도 맛있지만 반찬으로 만들면 쫀득쫀득 별미 중에 별미지요. 고소한 캐슈너트까지 넣어 버무리면 젓가락이 계속 갈 거예요.

조리시간 15분

2~3회분

재료

쥐치포 — 10장
캐슈너트 — 12개(또는 다른 견과류)
참기름 — 1큰술
통깨 — 1/2큰술

양념

다진 마늘 — 1큰술
고추장 — 8큰술
매실청 — 1큰술
진간장 — 1큰술
맛술 — 1큰술
물엿 — 5큰술

 조리 포인트

쥐치포는 마른 팬에 올려 약한 불에서 앞뒤로 굽거나, 가스레인지를 약한 불로 켜고 직화로 쥐치포를 올려 앞뒤로 구우면 맛있게 드실 수 있습니다.

1 쥐치포는 약한 불에서 앞뒤로 노릇하게 1~2분간 굽는다.

2 구운 쥐치포는 가위로 먹기 좋게 한입 크기로 자른다. 볼에 양념 재료를 넣어 섞는다.

3 팬에 양념을 넣고 중간 불에서 끓여 양념이 바글바글 끓어오르면 불을 끄고 모든 재료를 넣어 잘 섞는다.

⇢ 센 불로 조리하면 양념이 타거나 눌어붙을 수 있으니 주의하세요.

뱅어포구이

* 마른 뱅어포에 고추장양념을 발라 굽는 마른반찬, 뱅어포구이입니다. 뱅어포는 담백 고소한 실치를 말린 것으로 칼슘이 멸치보다 많이 들어있어 골다공증 예방에도 좋습니다.

조리시간 25분

2~3회분

재료
뱅어포 — 6장
식용유 — 2큰술
송송 썬 대파 — 1큰술
참기름 — 1큰술
통깨 — 1/2큰술

양념
설탕 — 2큰술
고춧가루 — 1큰술
다진 마늘 — 1큰술
고추장 — 1큰술
매실청 — 1/2큰술
진간장 — 2큰술
청주 — 1큰술

1 뱅어포는 한번 털어내 이물질을 제거한다. 키친타월에 식용유를 묻혀 앞뒤로 바른다.

2 마른 팬에 뱅어포를 올려 앞뒤로 노릇하게 살짝 굽는다.

3 팬에 양념 재료를 넣어 약한 불에서 1분간 끓인 후 불을 끄고 참기름, 통깨를 넣어 섞는다.

4 뱅어포 앞뒤로 양념을 바른 후 대파를 올린다. 먹기 전에 한입 크기로 자른다.

밑반찬 _ 마른반찬·조림

보리새우볶음

* 잘 말린 보리새우를 볶아서 만든 밑반찬입니다. 감칠 맛이 일품인 새우를 고추장에 볶아서 식탁에 올리니 밥도둑이 따로 없네요.

조리시간 20분
2~3회분

재료
건보리새우 — 2컵(60g)
식용유 — 2큰술
다진 마늘 — 1큰술
맛술 — 2큰술
참기름 — 1큰술
통깨 — 1/2큰술

양념
설탕 — 1큰술
고추장 — 2큰술
진간장 — 1큰술
물엿 — 1큰술

조리 포인트

1. 마른 팬에 식용유를 두르지 않은 상태로 건새우를 넣어 한번 볶은 후 요리하면 반찬이 깔끔해요.
2. 양념장이 너무 되직하다면 물을 살짝(2큰술) 넣으면 좋습니다.

1 마른 팬에 새우를 넣어 약한 불에서 2분간 볶고 체에 밭쳐 가루를 턴다.

2 볼에 양념 재료를 넣어 섞는다.

3 달군 팬에 식용유를 두르고 다진 마늘, 맛술, 볶은 새우를 넣어 약한 불에서 30초간 볶은 후 한쪽으로 밀어두고 양념을 넣어 끓인다.

4 양념이 끓어오르면 볶은 새우와 섞고 약한 불에서 1분간 볶는다. 불을 끈 후 참기름, 통깨를 넣어 버무린다.

땅콩 호두조림

✽ 영양 가득, 고소함 한가득한 호두와 땅콩을 함께 졸인 반찬입니다.

조리시간 40분

2~3회분

재료

생땅콩 — 2컵(200g)
호두 — 1/2컵(50g)
통깨 — 1/2큰술

양념

설탕 — 2큰술
물엿 — 2큰술
진간장 — 3큰술
맛술 — 1큰술
물 — 1컵(180㎖)

 조리 포인트

생땅콩은 조리 전에 1시간 정도 물에 담가두면 특유의 쓴맛과 아린 맛을 제거할 수 있습니다.

1 생땅콩은 체에 밭쳐 흐르는 물에서 흔들어 씻은 후 물기를 뺀다.

2 호두는 체에 넣고 부스러기 털어낸다.

3 냄비에 생땅콩, 잠길 만큼의 물을 넣고 중간 불에서 10분간 삶는다. 체에 밭쳐 찬물로 헹군 후 물기를 뺀다.

4 냄비에 삶은 땅콩, 양념을 넣고 중간 불에서 15분 → 호두를 넣고 양념장이 거의 없어질 때까지 저어가며 10분간 졸인다. 불을 끄고 통깨를 뿌린다.

알감자조림

∗ 단짠단짠이 제대로인 알감자조림! 간식으로도 좋고, 감자에 양념이 쏙 배서 밥반찬으로도 좋아요. 따뜻할 때도 맛있지만 식어도 쫀득한 식감이 매력적이에요.

조리시간 30분
2~3회분

재료
알감자 — 18~20개(500g)
식용유 — 1큰술
올리고당 — 3큰술
참기름 — 1큰술
통깨 — 1큰술

양념
맛국물 — 1컵(180㎖)
※ 만들기 24쪽 참고
설탕 — 2큰술
진간장 — 3큰술
맛술 — 1큰술

 조리 포인트

1. 알감자를 졸일 때 너무 자주 뒤적거리면 감자가 부서질 수 있으니 주의하세요.
2. 올리고당을 양념 재료와 함께 넣어 오랫동안 졸이면 냉장실에 보관해 두고 먹을 때 딱딱해지거나 감자끼리 달라붙어버릴 수 있으니 꼭 마지막에 넣으세요.

1 알감자는 바락바락 문질러가며 표면이 깨끗해질 때까지 씻는다. 냄비에 알감자와 잠길 만큼의 물, 소금(1/2큰술)을 넣고 물이 끓어오르면 약한 불에서 8분간 삶아 체에 밭쳐 물기를 뺀다.

2 달군 팬에 식용유를 두르고 알감자를 넣어 약한 불에서 2분간 굽는다.

3 양념 재료를 넣고 국물이 1/3 정도 남을 때까지 중약 불에서 10분간 졸인다.

4 올리고당을 넣고 국물이 자작해질 때까지 5분간 졸인 후 불을 끄고 참기름, 통깨를 넣어 섞는다.

우엉조림&
연근조림

✽ 간장양념에 졸인 짭조름하고 진득한 우엉조림과 연근조림은 인기 반찬이에요. 충분히 졸여야 양념이 쫀득하게 잘 밴 반찬이 완성된답니다.

조리시간 45분

2~3회분

재료

우엉 — 400g(또는 연근 300g)
식용유 — 1큰술
올리고당 — 2큰술
참기름 — 1큰술
통깨 — 1큰술

양념

물 — 1컵(180㎖)
흑설탕 — 2큰술
진간장 — 3큰술
맛술 — 3큰술

 조리 포인트

우엉이나 연근을 식초물에 담가두면 갈변 현상을 줄여주고 아린 맛을 없애줘요.

1 우엉은 껍질을 벗기고 깨끗하게 씻어 4cm 길이로 가늘게 채 썬다 (연근은 껍질 벗겨 0.5cm 두께로 썬다). 볼에 우엉, 잠길 만큼의 물, 식초(2큰술)를 넣어 10분간 담가둔 후 체에 밭쳐 흐르는 물에 헹궈 물기를 뺀다.

2 냄비에 우엉과 잠길 만큼의 물을 넣고 물이 끓어오르면 센 불에서 우엉이 투명해질 때까지 10분간 삶는다. 체에 밭쳐 찬물에 헹군 후 물기를 뺀다.

3 냄비에 식용유를 두르고 우엉을 넣어 약한 불에서 2분간 볶은 후 양념 재료를 넣어 중간 불에서 10분 → 올리고당, 참기름을 넣고 국물이 자작해질 때까지 5분간 졸인 후 통깨를 뿌린다.

콩자반

* 딱딱하지 않고 부드러운 반찬 총각만의 콩자반 비법을 공개합니다. 영양만점 국민 밑반찬, 콩자반을 함께 만들어 보아요.

조리시간 35분
(+ 서리태 불리기 2시간)

2~3회분

재료

서리태 — 2컵(300g)
올리고당 — 2/3컵(150g)
통깨 — 1큰술

양념

콩 삶은 물 — 2컵(360㎖)
설탕 — 7큰술
진간장 — 1/2컵(90㎖)

 조리 포인트

1. 콩은 불순물이나 먼지가 있을 수 있으니 꼭 깨끗하게 씻어서 불리고 불린 후에도 흐르는 물에 한 번 더 씻어 조리하세요.
2. 콩을 너무 오래 불리거나 삶으면 콩이 부서져 지저분해지니 주의하세요. 또한 콩 삶을 때 거품을 제거해야 더 깔끔하게 조리할 수 있습니다.

1 서래태는 물에 담가 2시간 정도 불린 후 냄비에 넣고 물(4컵)을 부어 센 불에서 끓인다.

2 물이 끓어오르면 중간 불로 줄여 10분간 삶는다. 이때 생기는 거품은 숟가락이나 국자로 건져낸다.

3 콩 삶은 물 2컵을 덜어 두고 체에 밭쳐 찬물로 헹군 후 물기를 뺀다.

4 냄비에 서리태, 양념 재료를 넣고 센 불에서 끓여 끓어오르면 중간 불로 줄여 10분간 끓인다.

5 올리고당을 넣고 양념이 거의 졸아들어 없어질 때까지 5분간 끓인 후 통깨를 넣어 잘 섞는다.

볶음김치

✱ 추억의 양은 도시락 만들 때 중요한 반찬입니다. 볶음김치+달걀 프라이+분홍 소시지+멸치볶음+콩자반은 환상의 콤비지요. 넉넉히 만들어 놓으면 일주일 정도는 반찬 걱정 끝입니다.

조리시간 30분

2~3회분

재료

배추김치 — 1/4포기(400g)
양파 — 1/2개(120g)
식용유 — 2큰술
맛국물 — 1/2컵(90㎖)
※ 만들기 24쪽 참고
설탕 — 1큰술
통깨 — 1/2큰술
참기름 — 1큰술
들기름 — 1큰술

1 배추김치는 속을 털어내고 손으로 국물을 꼭 짠 후 3cm 폭으로 썬다. 양파는 채 썬다.

2 달군 팬에 식용유를 두르고 김치를 넣어 3분 → 양파를 넣고 2분간 볶는다.

3 맛국물을 붓고 센 불에서 국물이 자작해질 때까지 3분간 졸인 후 설탕, 통깨, 참기름, 들기름을 넣어 잘 섞는다.

밑반찬 _ 마른반찬·조림

깻잎찜

* 입안에 감도는 깻잎 향이 참 좋은 반찬을 만들어 보세요. 이 밑반찬 하나면 다른 반찬 없이도 밥 한 공기가 눈 깜짝할 새 줄어들어요!

조리시간 30분
2~3회분

재료
깻잎 — 10묶음(100장)
양파 — 1개(240g)
당근 — 1/3개(70g)
대파 — 1/2대
들기름 — 2큰술

양념
설탕 — 1큰술
고춧가루 — 2큰술
다진 마늘 — 1큰술
물엿 — 2큰술
매실청 — 1큰술
맛술 — 1큰술
진간장 — 1/2컵(90㎖)
맛국물 — 2/3컵(120㎖)
※ 만들기 24쪽 참고

 조리 포인트

1. 너무 오래 찌면 깻잎이 질겨지므로 10분 이상 찌지 않도록 주의하세요.
2. 취향에 따라, 양념 재료에 유자청(1큰술)을 추가해도 좋아요.

1 깻잎은 꼭지를 2cm 남기고 제거한다. 양파는 최대한 가늘게 채 썰고, 당근, 대파는 잘게 다진다.

2 볼에 양념 재료를 넣어 잘 섞은 후 양파, 당근, 대파를 넣어 섞는다.

3 냄비에 깻잎 3~4장 → 양념 1큰술 순으로 켜켜이 쌓는다.

4 뚜껑을 닫고 약한 불에서 깻잎의 숨이 죽을 때까지 10분간 찐 후 불을 끄고 들기름을 두른다.

닭가슴살 장조림

* 촉촉한 조림장 국물을 머금은 전혀 퍽퍽하지 않은 닭가슴살장조림이에요. 따뜻한 밥에 달걀, 버터, 닭가슴살장조림을 넣고 쓱쓱 비벼 먹어도 정말 별미랍니다.

조리시간 50분
2~3회분

재료
닭가슴살 — 6쪽(600g)
대파 — 1/2대
양파 — 1/2개(120g)
꽈리고추 — 5개

양념
다진 마늘 — 1큰술
다진 생강 — 1/2큰술
진간장 — 1컵(180㎖)
맛술 — 1컵(180㎖)
닭가슴살 삶은 물(육수) — 1컵(180㎖)
후춧가루 — 한 꼬집

 조리 포인트

닭가슴살은 잘 부서지므로 오래 삶으면 안 됩니다. 졸일 때도 30분이 넘어가면 고기가 부서질 수 있으므로 유의하세요.

1 대파는 2cm 길이로 썰고, 양파는 1cm 폭으로 채 썬다. 꽈리고추는 꼭지를 떼고 2등분하거나 포크로 찔러 구멍을 낸다.

2 냄비에 닭가슴살과 잠길 만큼의 물을 넣고 센 불에서 끓어오르면 중간 불로 줄여 10분간 삶는다. 육수 1컵을 덜어두고 닭가슴살은 체에 밭쳐 찬물에 헹궈 식힌 후 결대로 찢는다.

3 냄비에 꽈리고추를 제외한 모든 재료를 넣고 센 불에서 끓어오르면 중약 불로 줄여 15분간 끓인다.

4 꽈리고추를 넣고 국물이 자작해질 때까지 10분간 더 끓인다.

소고기 메추리알장조림

* 소고기장조림은 호불호가 없는 그야말로 모두가 좋아하는 반찬이죠. 짭조름한 밥도둑! 진짜 맛있답니다.

조리시간 1시간 10분
(+소고기 핏물 제거 1시간)

2~3회분

재료

소고기 홍두깨살 — 500g(또는 사태, 우둔살)
삶은 메추리알 — 30개
대파 — 1/2대
양파 — 1/2개(120g)
꽈리고추 — 5개

양념

다진 마늘 — 1큰술
다진 생강 — 1/2큰술
진간장 — 1컵(180㎖)
맛술 — 1컵(180㎖)
소고기 삶은 물(육수) — 1컵(180㎖)
후춧가루 — 한 꼬집

 조리 포인트

고기를 삶을 때 뚜껑을 열어두어야 잡내가 날아가요.

1 소고기는 물에 30분~1시간 담가 핏물을 뺀다.

2 대파는 2cm 길이로 썰고, 양파는 1cm 폭으로 채 썬다. 꽈리고추는 꼭지를 떼고 2등분하거나 포크로 찔러 구멍을 낸다.

3 냄비에 소고기와 잠길 만큼의 물을 넣어 센 불에서 끓어오르면 25분간 삶는다. 육수 1컵을 덜어두고 소고기는 체에 밭쳐 찬물에 헹궈 식힌다.

4 냄비에 소고기, 채소, 양념을 넣고 센 불에서 끓어오르면 약한 불로 줄여 25분간 끓인다.

5 꽈리고추, 메추리알을 넣고 국물이 자작해질 때까지 10분간 끓인다.

6 불을 끄고 한 김 식힌 후 고기를 결대로 찢어 넣고 골고루 섞는다.

마약계란장

✱ 요즘 핫한 마약계란장입니다. 입맛 없다는 소리 쏙 들어갈걸요!

조리시간 40분
2~3회분

재료
달걀 — 10개
양파 — 1/2개(120g)
대파 — 1/2대
풋고추 — 1개
홍고추 — 1개

양념
설탕 — 1/3컵
통깨 — 1/3컵
다진 마늘 — 1큰술
물엿 — 1/2컵(90㎖)
생수 — 1컵(180㎖)
진간장 — 1컵(180㎖)

1 냄비에 달걀과 잠길 만큼의 물, 굵은소금(1/2큰술)을 넣고 10분간 끓인다. 찬물에 넣어 식힌 후 껍질을 벗긴다. ※ 달걀 삶기 : 물이 끓기 시작했을 때부터 반숙은 6분, 완숙은 10분

2 모든 채소는 굵게 다진다.

3 밀폐용기에 양념을 넣고 잘 섞은 후 모든 재료를 넣는다. 바로 먹거나 24시간 숙성시킨 후 먹는다.

저장 반찬

없으면 허전한 식탁 위의 감초!

한 달 이상 저장해두고 꺼내먹는
맛있는 밥도둑, 절임 반찬

한식 상차림에 빠지지 않는 반찬,
장아찌와 김치는 특히 더 신경 써서 재료를 고르고
정성껏 만들어야 맛있습니다.
차근차근 따라 하면
생각보다 어렵지 않으니 꼭 도전해보세요!

장아찌·피클

다양한 재료를 간장이나 소금, 된장, 고추장으로 절여
오래 두고 꺼내 먹을 수 있는 반찬입니다.
숙성시킬수록 맛있는
장아찌·피클 레시피를 공개할게요!

양파장아찌 p119

고추장아찌 p118

모둠 저염 장아찌 p123

깻잎된장절임 p128

무 오이피클 p129

- 오이장아찌 p124
- 깻잎장아찌 p127
- 마늘장아찌 p120
- 김장아찌 p125
- 황태채장아찌 p126
- 새송이버섯장아찌 p122
- 마늘종장아찌 p121

고추장아찌

* 아삭하고 매콤 짭조름한 고추장아찌를 만드는 황금비율을 알려드릴게요.

조리시간 20분
(+ 숙성하기 7일)

30일간 냉장 보관 가능

재료
풋고추 — 30개

장아찌물
설탕 — 1컵
물 — 2컵(360㎖)
진간장 — 2컵(360㎖)
매실청 — 2큰술
식초 — 1컵(180㎖)

 조리 포인트
풋고추에 구멍을 내야 장아찌물이 속까지 잘 배어 맛있어요.

1 풋고추는 꼭지와 반대쪽 끝부분을 제거한 후 키친타월로 물기를 닦는다. 포크로 찔러 구멍을 낸 후 내열용기에 담는다.

2 냄비에 식초를 제외한 장아찌물 재료를 넣고 센 불에서 끓여 끓어오르면 불을 끄고 식초를 붓는다.

3 장아찌물이 뜨거울 때 풋고추가 담긴 내열용기에 붓고 풋고추가 산소와 최대한 접촉하지 않도록 무거운 것을 올린 후 뚜껑을 닫는다. 실온에서 7일간 숙성시킨다.

양파장아찌

✱ 양파장아찌가 특히 인기 있는 이유는 오래 보관해도 맛이 변하지 않아서예요. 청양고추를 넣어 더 깔끔한 양파장아찌를 소개합니다. 고기반찬에 정말 잘 어울려요.

조리시간 10분
(+ 숙성하기 1일)

30일간 냉장 보관 가능

재료
청양고추 — 20개
양파 — 4개(약 1kg)

장아찌물
설탕 — 1과 1/2컵
진간장 — 1과 1/2컵(270㎖)
물 — 1과 1/2컵(270㎖)
식초 — 1과 1/2컵(270㎖)

 조리 포인트

양념을 끓이지 않고 바로 절이는 장아찌라서 더 간단해요.

1 양파는 한입 크기로 썰고 고추는 어슷 썬다.

2 볼에 장아찌물 재료를 넣어 섞는다.

3 밀폐용기에 고추, 양파, 장아찌물을 붓고 뚜껑을 닫아 실온에서 1일간 숙성시킨다.

마늘장아찌

* 새콤달콤하고 아삭한 마늘장아찌입니다. 세계 10대 슈퍼푸드인데다 항암 효과도 있는 마늘! 제철인 봄에 담가 두고두고 먹는 것을 추천해요.

조리시간 20분
(+ 마늘 숙성 7일, 숙성하기 한 달)

30일간 냉장 보관 가능

재료
깐 마늘 — 50개

식초물
식초 — 2컵(360㎖)
물 — 2컵(360㎖)
굵은소금 — 1큰술

장아찌물
식초 — 1컵(180㎖)
진간장 — 1/2컵
설탕 — 1/2컵
물 — 1컵(180㎖)
매실청 — 2큰술

재료 고르기

장아찌용 마늘은 껍질이 연하고, 붉은빛이 도는 햇마늘이 좋습니다.

1 마늘은 껍질을 벗겨 꼭지를 제거한 후 깨끗이 씻는다. 체에 밭쳐 물기를 뺀 후 키친타월로 닦아 내열용기에 넣는다.

2 볼에 식초물을 넣어 섞은 후 마늘이 들어있는 용기에 붓고 뚜껑을 닫아 마늘이 노르스름하게 변할 때까지 실온(시원하고 그늘진 장소)에서 7일간 숙성시킨다.

3 식초물 1컵을 덜어두고 숙성시킨 장아찌를 체에 거른다. 마늘은 내열용기에 다시 넣는다.

4 냄비에 장아찌물 재료를 넣고 센 불에서 끓여 끓어오르면 불을 끈다.

5 장아찌물이 뜨거울 때 내열용기에 붓고 실온(시원하고 그늘진 장소)에서 한 달간 숙성시킨다.

마늘종장아찌

✱ 아삭한 식감과 알싸한 마늘 향이 매력적인 마늘종을 달콤 짭짤하게 절이면 국물까지 정말 맛있어요.

조리시간 20분
(+ 숙성하기 7일)

30일간 냉장 보관 가능

재료
마늘종 — 1kg

양념
진간장 — 2컵(360㎖)
설탕 — 2컵
물 — 2컵(360㎖)
매실청 — 2큰술
식초 — 2컵(360㎖)

1 마늘종은 4cm 길이로 썰어 키친타월로 물기를 닦은 후 내열용기에 넣는다.

2 냄비에 식초를 제외한 장아찌물 재료를 넣어 센 불에서 끓여 끓어오르면 불을 끄고 식초를 붓는다.

3 장아찌물이 뜨거울 때 마늘종이 들어있는 내열용기에 붓고 마늘종이 산소와 최대한 접촉하지 않도록 무거운 것을 올린 후 뚜껑을 닫는다. 실온에서 7일간 숙성시킨다.

새송이버섯 장아찌

* 장아찌 양념이 제대로 밴 새송이버섯 한 점은 어떤 메뉴와도 잘 어울리지요. 새송이버섯을 손으로 찢어서 만드는 정성 가득한 반찬을 소개합니다.

조리시간 25분
(+ 숙성하기 2일)

15일간 냉장 보관 가능

재료
새송이버섯 — 8개(640g)
양파 — 1과 1/2개(360g)
청양고추 — 4개
홍고추 — 2개

장아찌물
양파 — 1/8개(30g)
대파 — 5cm
깐 마늘 — 2개
흑설탕 — 8큰술
진간장 — 3/4컵(135㎖)
물 — 2컵(360㎖)
물엿 — 2큰술
식초 — 1/2컵(90㎖)

1 새송이버섯은 길게 2등분한다. 양파는 한입 크기로 썰고 고추는 어슷 썬다. 장아찌물 재료의 양파와 대파는 가늘게 채 썰고 마늘은 편 썬다.

2 끓는 물에 새송이버섯을 넣어 5분간 데친다. 찬물에 넣어 식힌 후 손으로 찢어 체에 밭쳐 물기를 뺀다. 내열용기에 버섯과 채소를 넣는다.

3 냄비에 식초를 제외한 장아찌물 재료를 넣고 센 불에서 끓인다. 장아찌물이 끓어오르면 불을 끈 후 식초를 넣고 양파, 대파, 마늘은 건져낸다.

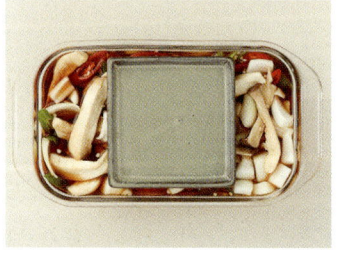

4 장아찌물이 뜨거울 때 버섯, 채소가 들어있는 내열용기에 넣고 버섯과 채소가 산소와 접촉하지 않도록 무거운 것을 올린 후 뚜껑을 닫는다. 냉장실에서 2일간 숙성시킨다.

모둠 저염 장아찌

* 입맛이 살아나는 상큼한 장아찌입니다. 장아찌물을 적게 넣고 숙성되면서 채소에서 우러나온 수분으로 절이므로 염도가 낮습니다. 어린이용으로 만들어도 좋아요.

조리시간 25분
(+ 숙성하기 7일)

30일간 냉장 보관 가능

재료
백오이 — 1개(또는 취청오이, 200g)
양파 — 1/3개(80g)
무 — 1개(1kg)

장아찌물
진간장 — 1과 1/2컵(270㎖)
설탕 — 1과 1/4컵
사과식초 — 1과 1/2컵
(또는 양조식초, 270㎖)

1 백오이는 숟가락으로 씨를 제거해 0.5cm 두께로 썰고 양파는 한 입 크기로 썬다. 무는 양파와 같은 크기와 두께로 썬다.

2 모든 채소는 체에 밭쳐 10분간 물기를 뺀 후 내열용기에 넣는다.

3 냄비에 장아찌물 재료를 넣고 센 불에서 끓여 끓어오르면 불을 끄고 식초를 넣는다.

4 장아찌물이 뜨거울 때 채소가 들어있는 내열용기에 붓고 채소가 산소와 최대한 접촉하지 않도록 무거운 것을 올린 후 뚜껑을 닫는다. 실온에서 7일간 숙성시킨다.

오이장아찌

* 오이가 제철인 여름에 담가두면 365일 맛있게 먹을 수 있는 오이장아찌. 오이지보다 만들기 조금 어렵지만, 소금이 아니라 간장으로 절인 장아찌라서 색다를 거예요.

조리시간 20분
(+ 숙성하기 7일)

30일간 냉장 보관 가능

재료
오이 — 15개

장아찌물
설탕 — 2컵
물 — 4컵(720㎖)
진간장 — 2와 1/2컵(450㎖)
식초 — 2와 1/2컵(450㎖)
소금 — 1/2큰술
매실청 — 2큰술

 조리 포인트

오이는 씨를 제거해야 식감이 무르지 않고 아삭해요.

1 오이는 굵은소금으로 겉껍질을 문질러가며 씻은 후 양끝을 제거한다.
⇨ 굵은소금으로 겉껍질을 문질러 씻으면 이물질을 제거할 수 있어요.

2 오이를 길게 2등분한 후 숟가락으로 씨를 긁어 제거한다.

3 씨를 제거한 오이는 1cm 두께로 썬 후 체에 밭쳐 10분간 물기를 빼고 내열용기에 넣는다.

4 냄비에 식초를 제외한 장아찌물 재료를 넣고 센 불에서 끓여 끓어오르면 불을 끈 후 식초를 넣는다.

5 장아찌물이 뜨거울 때 오이가 들어있는 내열용기에 붓고 무거운 것을 올린 후 뚜껑을 닫는다. 냉장실에 넣어 7일간 숙성시킨다.

김장아찌

※ 어렸을 때 시골에서 먹었던 고소하고 짭짤한 김장아찌는 신세계였답니다. 뜨끈한 밥 위에 얹어서 먹으면 사라졌던 입맛도 돌아온답니다.

조리시간 25분
7일간 냉장 보관 가능

재료
김밥 김 — 20장(또는 재래김)

장아찌물
맛국물 — 1컵(180㎖)
※ 만들기 24쪽 참고
설탕 — 2큰술
진간장 — 8큰술
청주 — 4큰술
참기름 — 1큰술
물엿 - 1큰술

 재료 고르기

돌김이나 파래김은 장아찌물을 부어두면 김이 풀어질 수 있으니 주의하세요.

1 냄비에 참기름을 제외한 장아찌물 재료를 넣고 센 불에서 끓여 끓어오르면 불을 끄고 식힌 후 참기름을 넣는다.

2 김은 16등분한 후 밀폐용기에 가지런히 담는다.

3 장아찌물을 ②의 김 위에 골고루 붓는다.

황태채장아찌

* 보들보들 촉촉하고 매콤달콤 밥반찬으로 그만인 황태채장아찌입니다. 안 먹어본 사람은 있어도 한 번만 먹은 사람은 없을 정도로 맛있답니다.

조리시간 25분
15일간 냉장 보관 가능

재료
황태채 — 300g
청주 — 1컵(180㎖)
통깨 — 1/4컵

양념
고춧가루 — 1/3컵
설탕 — 1/3컵
물엿 — 1/3컵
고추장 — 1과 1/3컵
다진 마늘 — 1과 1/3큰술
진간장 — 2와 1/3큰술
매실청 — 1과 1/3큰술
참기름 — 1큰술

 조리 포인트

1. 황태채장아찌는 양념에 버무린 후 시간이 지날수록 숙성되어 맛이 배가 됩니다.
2. 통북어를 사용한다면 젖은 행주로 감싸 도마에 올린 후 밀대나 조리용 망치로 두들겨 부드럽게 만든 후 먹기 좋은 크기로 찢으면 됩니다.

1 황태채는 먹기 좋은 크기로 자른 후 청주를 뿌려 불린다.

2 큰 볼에 양념 재료를 넣어 섞는다.

3 불린 황태채를 넣어 조물조물 무친 후 통깨를 뿌린다.

깻잎장아찌

* 깻잎의 향긋함과 간장의 짭조름한 맛이 조화로운 그야말로 밥도둑인 깻잎장아찌! 시골에서 할머니께서 해주셨던 그 맛을 떠올려 완성한 황금 레시피랍니다.

조리시간 50분
30일간 냉장 보관 가능

재료
깻잎 — 40장

장아찌물
진간장 — 1/2컵(90㎖)
멸치액젓 — 1과 1/2큰술
설탕 — 1큰술

양념
당근 — 1/6개(35g)
양파 — 1/3개(80g)
대파 — 1/4대
진간장 — 1/2컵(90㎖)
설탕 — 1과 1/2큰술
굵은 고춧가루 — 1큰술
다진 마늘 — 1과 1/2큰술
물엿 — 3큰술

1 깻잎은 흐르는 물에 잘 씻어 꼭지를 1cm 제거한 후 키친타월로 물기를 제거한다. 양념 재료의 당근, 양파, 대파는 잘게 다진다.

2 볼에 양념 재료를 넣어 섞는다.

3 볼에 장아찌물 재료를 넣어 섞은 후 깻잎의 꼭지 부분이 아래로 향하게 넣어 15분간 절인다.

4 양념이 골고루 잘 배도록 이번에는 깻잎의 꼭지 부분이 위로 향하게 바꿔 15분간 절인다.

5 절여진 깻잎의 장아찌물을 손으로 살짝 짜낸 후 밀폐용기에 담는다.

6 깻잎 한 장마다 양념장을 묻혀 골고루 펴 바른다.

깻잎된장절임

* 어릴 때 할머니가 자주 해주셨던 깻잎된장박이를 재현한 반찬이에요. 깔끔하면서 향긋한 추억의 맛을 되살려 여러 시행착오 끝에 만든 비법 레시피입니다.

| 조리시간 40분
| 30일간 냉장 보관 가능

재료
깻잎 — 50장
송송 썬 대파 — 1/2대
다진 마늘 — 1큰술
참기름 — 1큰술

양념
된장 — 4큰술
맛국물 — 1/2컵(90㎖)
※ 만들기 24쪽 참고
들깻가루 — 1큰술
설탕 — 1/2큰술
청주 — 2큰술
물엿 — 2큰술

 조리 포인트

깻잎을 3장이나 5장씩 겹쳐서 바르면 양념이 골고루 퍼져 짜지 않습니다.

1 깻잎은 흐르는 물에 씻어 체에 밭쳐 물기를 최대한 뺀다.

2 냄비에 양념 재료를 넣고 숟가락이나 주걱으로 저어가며 센 불에서 끓여 끓어오르면 불을 끄고 한 김 식힌 후 파, 마늘, 참기름을 넣어 섞는다.

3 밀폐용기에 깻잎을 3~5장씩 포개어 넣고 그 위에 양념장을 1큰술 올려 골고루 펴 바른다. 같은 방법으로 깻잎과 양념장을 켜켜이 담는다. 뚜껑을 닫아 실온에서 2시간 숙성시킨 후 냉장 보관한다.

무 오이피클

✱ 피자나 치킨을 주문하면 늘 함께 오는 피클. 직접 만든 피클을 맛보면 확실히 다른 점을 느낄 수 있지요. 어디에나 잘 어울리는 무 오이 피클, 오늘 도전해보세요.

조리시간 35분
30일간 냉장 보관 가능

재료
오이 — 5개(1kg)
무 — 1/2개(500g)
적양파 — 3개(720g)

피클물
설탕 — 3컵
물 — 5컵(900㎖)
소금 — 2큰술
통후추 — 1큰술
월계수 잎 — 2장
식초 — 3컵(540㎖)

 조리 포인트

오이는 씨를 제거해야 식감이 무르지 않고 아삭해요.

1 오이는 굵은소금으로 문질러가며 씻은 후 양끝을 제거한다.
➡ 굵은소금으로 겉껍질을 문질러 씻으면 이물질을 제거할 수 있어요.

2 오이를 길게 2등분한 후 숟가락으로 씨를 긁어 제거한다.

3 오이는 1cm 두께로 썰고 무는 새끼손가락 모양으로 4cm 길이로 썬다. 적양파는 한입 크기로 썬다.

4 모든 채소는 체에 밭쳐 물기를 뺀 후 내열용기에 넣는다.

5 냄비에 식초를 제외한 피클물 재료를 넣어 센 불에서 끓여 끓어오르면 불을 끈 후 식초를 넣는다.

6 피클물이 뜨거울 때 채소가 들어 있는 내열용기에 붓는다. 실온에서 한 김 식혀 냉장 보관한다.

김치

'김치'하면 김장 김치만 떠오르실 텐데요, 우리나라에는 제철 채소로 만드는 다양한 김치가 있답니다. 맛도 맛이지만, 김치에는 젖산균이 많이 들어있어 장 활동도 원활하게 해주는 건강 반찬이에요!

총각김치 p133

열무김치 p136

깍두기 p132

열무물김치 p137

파김치 p141

깍두기

* 무에는 전분 분해 효소가 들어 있어 음식의 소화 흡수를 도와준답니다. 무가 최고로 달고 시원한 가을에 담그면 설탕을 많이 안 넣어도 달콤하고 맛있어요.

조리시간 45분
(+ 숙성하기 1일)

30일간 냉장 보관 가능

재료
무 — 1개(1kg)
대파 — 1/2대
굵은소금 — 2큰술
물 — 1컵(180㎖)

찹쌀풀
물 — 1컵(180㎖)
찹쌀가루 — 3큰술

양념
양파 — 1/2개(120g)
배 — 1/2개(250g)
고춧가루 — 4큰술
다진 마늘 — 2큰술
다진 생강 — 1/2큰술
매실청 — 1큰술
설탕 — 1큰술
새우젓 — 1큰술
멸치액젓 — 3큰술
소금 — 1/2큰술

1 무는 2cm 크기로 깍둑썬다. 대파는 채 썬다. 양념 재료의 양파, 배는 한입 크기로 썰어 믹서에 넣고 곱게 간다.

2 볼에 소금, 물을 넣어 섞은 후 무를 넣고 20분간 절인다. 이때 무가 골고루 절여질 수 있도록 중간중간 뒤집어준다.

3 냄비에 찹쌀풀 재료를 넣고 잘 섞는다. 센 불에서 눌어붙지 않도록 나무 주걱이나 숟가락으로 저어가며 끓인 후 보글보글 끓어오르면 불을 끄고 완전히 식힌다.

4 절인 무는 흐르는 물에 헹군 후 체에 밭쳐 물기를 뺀다.

5 볼에 무, 양념 재료의 고춧가루 2큰술 넣고 버무려서 고춧가루 물을 들인다.

6 나머지 양념 재료와 찹쌀풀을 넣고 버무린다. 바로 먹거나, 실온에서 24시간 숙성시킨다.

총각김치

* 배와 양파를 갈아 넣은 김치 국물이 정말 맛있는 총각김치를 소개합니다. 9월 이후가 제철인 총각무로 아삭한 총각김치를 만들어보세요.

조리시간 40분
(+ 무 절이기 2시간, 숙성하기 1일)
30일간 냉장 보관 가능

재료
총각무 — 2단(4kg)
쪽파 — 4줌(200g)
굵은소금 — 1컵
물 — 2컵(360㎖)

찹쌀풀
물 — 2컵(360㎖)
찹쌀가루 — 2큰술

양념
홍고추 — 6개
양파 — 1개(240g)
배 — 1/2개(250g)
설탕 — 1컵
고춧가루 — 1과 1/2컵
까나리액젓 — 1/2컵(90㎖)
다진 마늘 — 1/2컵
다진 생강 — 2큰술
새우젓 — 2큰술
매실청 — 2큰술

 조리 포인트

무청은 너무 많이, 세게 문지르면 풋내가 날 수 있으니 양념과 함께 버무릴 때 주의하세요.

1 총각무는 지저분한 잎과 무와 무청 사이의 이물질을 제거하여 깨끗이 손질해 씻은 후 무청이 붙어 있는 상태에서 작은 것은 길게 2등분, 큰 것은 길게 4등분한다.

2 볼에 물, 소금을 넣어 소금이 잘 녹을 때까지 섞고 무를 넣어 2시간 동안 절인다. 이때 무가 골고루 절여질 수 있도록 중간중간 뒤집어준다.

3 양념 재료의 홍고추는 어슷 썰고 쪽파는 4cm 길이로 썬다. 양념 재료의 양파, 배는 한입 크기로 썰어 믹서에 넣어 곱게 간다.

4 냄비에 찹쌀풀 재료를 넣고 잘 섞는다. 센 불에서 눌어붙지 않도록 나무 주걱이나 숟가락으로 저어가며 끓인 후 보글보글 끓어오르면 불을 끄고 완전히 식힌다.

5 절인 총각무는 흐르는 물에 헹궈 체에 밭쳐 물기를 뺀다. 큰 볼에 양념 재료와 찹쌀풀을 넣어 섞는다.

6 ⑤의 볼에 총각무, 쪽파를 넣고 버무린다. 밀폐용기에 차곡차곡 넣고 뚜껑을 닫아 실온에서 24시간 숙성시킨다.

백김치

* 시원한 맛을 자랑하는 아삭한 백김치입니다. 비타민 함유량이 많아 감기 예방에도 좋아요.

> **조리시간** 40분(+ 배추 절이기 6시간, 숙성하기 2일)
>
> 30일간 냉장 보관 가능

재료
배추 — 1포기(2.5kg)
무 — 1/3개(350g)
당근 — 1/3개(70g)
쪽파 — 1줌(40g)
미나리 — 3/5줌(40g)
대추 — 2개
깐 밤 — 2개
굵은소금 — 1컵

찹쌀풀
물 — 1컵(180㎖)
찹쌀가루 — 2큰술

국물
생수를 끓인 후 식힌 물 — 9컵(1.6L)
소금 — 1/2큰술
배 — 1개(500g)

양념
소금 — 1큰술
까나리액젓 — 4큰술
다진 마늘 — 4큰술
다진 생강 — 1큰술
새우 젓 — 2큰술

1 배추는 열십(+)자로 칼집을 넣어 길게 4등분한다.

2 배추 잎 사이사이에 굵은소금(1/3컵)을 골고루 켜켜이 뿌린다.

3 큰 볼에 배추가 잠길 만큼의 물, 굵은소금(2/3컵)을 넣고 잘 섞은 후 배추를 담가 6시간 절인다. 이때 배추가 골고루 절어질 수 있도록 중간중간 뒤집어준다.

4 무는 5cm, 당근은 4cm 길이로 가늘게 채 썬다. 쪽파, 미나리는 5cm 길이로 썬다. 대추는 씨를 제거한 후 채 썰고 밤도 가늘게 채 썬다.

5 국물 재료의 배는 씨를 제거한 후 한입 크기로 썰어 믹서에 넣어 곱게 간다.

6 절인 배추를 찬물로 헹궈 체에 밭쳐 물기를 뺀다.

7 냄비에 찹쌀풀 재료를 넣고 잘 섞는다. 센 불에서 눌어붙지 않도록 나무 주걱이나 숟가락으로 저어가며 보글보글 끓어오를 때까지 끓인 후 불을 끄고 완전히 식힌다.

8 볼에 채소, 양념 재료를 넣고 버무려 소를 만든다.

9 배추 잎 사이사이에 소를 골고루 넣고 배추 겉잎으로 잘 감싼 후 밀폐용기에 차곡차곡 넣는다.

10 볼에 국물 재료를 넣어 섞은 후 ⑨의 밀폐용기에 붓고 뚜껑을 닫아 실온에서 2일~3일간 숙성시킨다.

열무김치

* 여름에 특히 인기 있는 열무김치는 살살 버무리는 것과 시원한 맛을 살리는 것이 포인트입니다. 입맛 없을 때 보리밥과 함께 쓱쓱 비벼 먹으면 한입 가득 행복함이 밀려올 거예요.

조리시간 40분
(+ 숙성하기 1일)

30일간 냉장 보관 가능

재료
열무 — 3단(약 3kg)
굵은소금 — 1/2컵

양념
홍고추 — 15개
양파 — 2개(480g)
깐 마늘 — 15개
밀가루 — 3/4컵
설탕 — 1과 1/3컵
생수 — 4컵(720㎖)
사이다 — 1컵(180㎖)
소금 — 8큰술

조리 포인트
열무의 줄기 부분을 꺾었을 때 부러지지 않고, 탄성이 있게 구부러지면 다 절여진 거예요.
마지막에 버무릴 때 열무를 너무 세게, 많이 버무리면 풋내가 날 수 있으니 주의하세요.

1 열무는 깨끗이 손질한 후 7cm 길이로 썬다.

2 볼에 열무가 잠길 만큼의 물, 굵은 소금을 넣어 소금이 녹을 때까지 섞은 후 열무를 넣고 20분간 절인다. 이때 골고루 절여지도록 중간에 한번 뒤집어준다.

3 양념 재료의 홍고추, 양파는 한입 크기로 썬다. 믹서에 홍고추, 양파, 마늘을 넣고 곱게 간다.

4 절인 열무를 흐르는 물에 헹군 후 체에 밭쳐 물기를 제거한다.

5 큰 볼에 양념 재료의 밀가루, 물을 넣어 잘 푼 후 나머지 양념 재료를 넣어 잘 섞는다.

6 ⑤의 볼에 열무를 넣어 버무린 후 밀폐용기에 넣고 뚜껑을 닫아 실온에서 1~2일간 숙성시킨다.

열무물김치

✴ 국물이 자작한 열무물김치는 대표적인 여름 반찬입니다. 시원한 열무물김치에 잘 삶은 국수를 넣으면 한끼요리로도 충분하지요.

조리시간 40분
(+ 숙성하기 1일)

30일간 냉장 보관 가능

재료
열무 — 1단(1kg)
얼갈이배추 — 10포기(작은 것, 500g)
양파 — 1/2개(120g)
굵은소금 — 1/3컵

양념
홍고추 — 8개
양파 — 1/2개(120g)
깐 마늘 — 8개
밀가루 — 1/2컵
설탕 — 1/2컵
생수 — 4컵(720㎖)
사이다 — 1/2컵(90㎖)
소금 — 4큰술
매실청 — 1/2큰술

1 양파는 가늘게 채 썬다. 얼갈이배추는 4~5cm 길이로, 열무는 7cm 길이로 썬다.

2 볼에 열무가 잠길 만큼의 물, 굵은소금(1/3컵)을 넣어 소금이 녹을 때까지 섞은 후 열무를 넣고 20분간 절인다. 이때 골고루 절여지도록 중간에 한번 뒤집어준다.

3 절인 열무를 흐르는 물에 헹군 후 체에 밭쳐 물기를 제거한다.

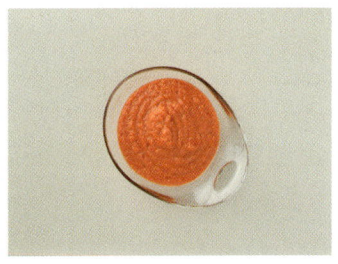

4 양념 재료의 홍고추, 양파는 한입 크기로 썬다. 믹서에 홍고추, 양파, 마늘을 넣고 곱게 간다.

5 큰 볼에 양념 재료의 물, 밀가루를 넣어 푼 후 나머지 양념 재료를 넣어 섞는다.

6 ⑤의 볼에 열무, 얼갈이배추, 양파를 넣고 살살 버무린 후 밀폐용기에 담는다. 실온에서 1~2일간 숙성시킨다.

배추겉절이

* 입에 착 붙는 양념 맛이 매력적인 배추겉절이입니다. 이런 배추겉절이라면 다른 반찬 없이 밥만 있어도 한 공기가 뚝딱! 칼국수에 곁들여도 정말 잘 어울려요.

조리시간 50분
30일간 냉장 보관 가능

재료
배추 — 1/4포기(600g)
쪽파 — 6줄기
대파 — 1/2대
굵은소금 — 2큰술
참기름 — 1큰술
통깨 — 2큰술

찹쌀풀
물 — 1컵(180㎖)
찹쌀가루 — 3큰술

양념
사과 — 1/2개(100g)
양파 — 1/2개(120g)
설탕 — 2큰술
고춧가루 — 4큰술
다진 마늘 — 2큰술
다진 생강 — 1/2큰술
까나리액젓 — 1큰술
매실청 — 1큰술

 조리 포인트

배추의 줄기 부분을 꺾었을 때 부러지지 않고, 부드럽게 접히면 잘 절여진 것입니다.

1 배추는 밑동을 썰어 노란 속잎을 한 잎씩 떼어낸다. 먹기 좋은 크기로 썬 후 깨끗이 씻는다.

2 볼에 배추가 잠길 만큼의 물, 굵은소금을 넣고 섞은 후 배추를 넣어 30분간 절인다. 이때 배추가 골고루 절여지도록 중간중간 뒤집어준다.

3 쪽파는 5cm 길이로 썰고, 대파는 채 썬다. 양념 재료의 사과, 양파는 한입 크기로 썰어 믹서에 넣고 곱게 간다.

4 냄비에 찹쌀풀 재료를 넣고 섞는다. 센 불에서 걸쭉해질 때까지 눌어붙지 않도록 나무 주걱이나 숟가락으로 저어가며 끓여 끓어오르면 불을 끄고 완전히 식힌다.

5 절인 배추는 흐르는 물에 헹군 후 체에 밭쳐 물기를 뺀다. 큰 볼에 양념 재료, 찹쌀풀을 넣고 잘 섞는다.

6 ⑤의 볼에 배추를 넣고 버무린다. 참기름을 넣고 살살 버무린 후 통깨를 뿌린다.

양배추김치

※ 양배추 특유의 단맛과 양념이 잘 어우러져 한번 맛보면 자꾸 생각나는 양배추김치랍니다. 조금 특별한 김치, 양배추김치 만드는 법을 소개합니다.

조리시간 60분
30일간 냉장 보관 가능

재료
양배추 — 1/2통(900g)
양파 — 1/4개(60g)
대파 — 1/2대
굵은소금 — 1/2컵
통깨 — 1큰술

양념
양파 — 1/2개(120g)
배 — 1/2개(250g)
설탕 — 1큰술
고춧가루 — 8큰술
다진 마늘 — 2큰술
멸치액젓 — 4큰술
매실청 — 1/2큰술
참기름 — 1큰술

조리 포인트
양배추를 오래 절이면 식감이 아삭하지 않고 물러지니 주의하세요.

1 양배추는 한입 크기로 썬다.

2 볼에 양배추가 잠길 만큼의 물, 굵은소금을 넣어 잘 섞은 후 양배추를 넣고 15분간 절인다. 이때 골고루 절여지도록 중간에 뒤집어준다.

3 양파, 대파는 가늘게 채 썬다. 양념 재료의 양파, 배는 한입 크기로 썬 후 믹서에 넣어 곱게 간다.

4 절인 양배추를 흐르는 물에 헹군 후 체에 밭쳐 5분간 물기를 뺀다.

5 큰 볼에 양념 재료를 넣어 섞는다.
⇨ 취향에 따라 양념에 식초, 설탕을 추가하면 색다르게 즐길 수 있어요.

6 ⑤의 볼에 양배추, 양파, 대파를 넣어 버무린 후 통깨를 뿌린다.

오이소박이

* 오이만큼 우리 식탁에 자주 등장하는 재료가 있을까요? 상큼한 오이 향과 숙성시켜 매콤 새콤해진 양념 소의 맛이 침샘을 자극하는 오이소박이를 소개합니다.

조리시간 50분

15일간 냉장 보관 가능

재료

오이 — 15개(300g)
부추 — 4줌(200g, 1/2단)
양파 — 1/2개(120g)
당근 — 1/3개(70g)
굵은소금 — 1/3컵

양념

고춧가루 — 1컵
설탕 — 2큰술
통깨 — 2큰술
다진 마늘 — 1/2컵
다진 생강 — 1큰술
새우젓 — 2큰술
까나리액젓 — 4큰술
매실청 — 1큰술

조리 포인트

1. 오이는 굵은소금으로 문질러가며 씻으면 이물질이 제거되고 쓴맛도 없어져요. 또한 양 끝에서 쓴맛이 나니 꼭 1cm 정도 제거하세요.
2. 뜨거운 소금물로 오이를 절이면 식감이 더 아삭해요.

1 오이는 양 끝을 제거한다. 작은 것은 3등분, 긴 것은 4등분한 후 오이 가운데 부분까지만 열십(十)자로 칼집을 넣어 끝 부분은 붙어있도록 한다.

2 냄비에 오이가 잠길 만큼의 물, 굵은소금(1/3컵)을 넣고 센 불에서 끓여 끓어오르면 불을 끈다. 볼에 오이를 넣고 절임물이 뜨거울 때 부어 30분간 절인다.

3 부추는 2cm 길이로 썰고 양파, 당근은 가늘게 2cm 길이로 채 썬다.

4 절인 오이를 흐르는 물에 헹궈 체에 밭쳐 물기를 뺀다.

5 큰 볼에 양념 재료를 넣어 섞은 후 부추, 양파, 당근을 넣고 버무려 소를 만든다.

6 오이에 소를 채워 넣고 밀폐용기에 차곡차곡 넣는다. 바로 먹거나 실온에서 1~2일 숙성시킨다.

파김치

* 알싸한 맛이 일품인 파김치. 입맛 살리기 딱 좋은 김치이지요. 밥 반찬으로도 좋지만 삼겹살구이나 국수 먹을 때 곁들여도 정말 잘 어울려요!

> **조리시간** 50분
> (+ 숙성하기 1일)
>
> 30일간 냉장 보관 가능

재료
쪽파 — 1단(900g)
멸치액젓 — 1/2컵(90㎖)

밀가루풀
물 — 2컵(360㎖)
밀가루 — 2큰술

양념
배 — 1/2개(250g)
새우젓 — 3큰술
고춧가루 — 1과 1/2컵
다진 마늘 — 2큰술
설탕 — 1큰술
매실청 — 1큰술
통깨 — 2큰술

 조리 포인트

1. 쪽파는 흰 부분부터 액젓을 먼저 부어 절이면 푸른 부분과 흰 부분이 알맞게 절여집니다.
2. 밀가루풀 대신 찹쌀풀을 사용하면, 양념의 농도를 잡아주며 윤기가 나고 구수한 맛을 더해줍니다.

1 쪽파는 깨끗이 손질해 체에 밭쳐 물기를 제거한 후 볼에 넣고 액젓을 부어 30분간 절인다. 이때 골고루 절여지도록 중간중간 뒤집어 준다.

2 양념 재료의 배는 씨와 껍질을 제거해 한입 크기로 썬다. 믹서에 배, 새우젓을 넣고 곱게 간다.

3 냄비에 밀가루풀 재료를 넣고 잘 섞는다. 센 불에서 냄비에 눌어붙지 않도록 나무 주걱이나 숟가락으로 저어가며 끓여 끓어오르면 끓여 불을 끄고 완전히 식힌다.

4 볼에 양념 재료를 넣어 잘 섞은 후 밀가루풀을 넣고 섞어 30분간 숙성시킨다.

5 쪽파를 차곡차곡 담아 양념을 듬뿍 발라준 후 뚜껑을 닫아 실온에서 1일간 숙성시킨다.

⇨ 밀폐용기에 쪽파를 담을 때 뿌리쪽과 반대쪽이 교차되도록 담으면 양념이 고루 배요

★★★★
일품요리 Part 1

고기 반찬

이거 하나만 있어도 진수성찬!

푸짐하게 조리해
온 가족이 바로 먹는 일품 고기반찬

차린 사람도, 대접받는 사람도 행복해지는
일품 고기반찬 레시피를 소개합니다.
고기반찬 하나와 푸릇푸릇한 상추쌈으로 차린
푸짐한 한 상이면 누구나 세상 부러울 게 없을 거예요!

순창식 제육볶음

* 언제 먹어도 질리지 않는 제육볶음! 순창식으로 만드는 제육볶음 레시피를 소개합니다.

조리시간 45분
(+ 숙성하기 30분)

3~4인분

재료
돼지고기 앞다릿살 — 600g
양파 — 1/2개(120g)
당근 — 1/3개(70g)
대파 — 1대
식용유 — 2큰술

밑간
매실청 — 1/2큰술
콜라 — 6큰술

양념
설탕 — 1큰술
굵은 고춧가루 — 4큰술
다진 마늘 — 2큰술
고추장 — 2큰술
진간장 — 2큰술
맛술 — 2큰술
참기름 — 1큰술
올리고당 — 1큰술
후추 — 한 꼬집

 조리 포인트

양념한 고기는 쉽게 타거나 눌어붙을 수 있으니 불 세기는 중약 불로 유지하며 볶아야 해요.

1 돼지고기는 키친타월로 감싸 핏물을 제거한다.

2 볼에 돼지고기, 밑간 재료를 넣어 잘 버무린 후 30분간 둔다. 다른 볼에 양념 재료를 넣어 섞는다.

3 양파는 0.5cm 두께로 채 썰고 당근은 가늘게 채 썬다. 대파는 어슷 썬다.

4 밑간한 돼지고기에 양념을 넣어 버무린 후 냉장실에 넣고 30분간 숙성시킨다.

5 달군 팬에 식용유를 두르고 양념한 돼지고기를 넣어 중약 불에서 4분간 볶는다.

6 양파를 넣고 2분 → 당근, 대파를 넣어 1분간 볶는다.

간장양념 돼지불고기

* 콜라로 잡냄새를 없애고 감칠맛 나는 양념에 재워두는 반찬가게st 돼지불고기입니다.

조리시간 45분
(+ 숙성하기 30분)

3~4인분

재료
돼지고기 앞다릿살 — 600g
식용유 — 2큰술
통깨 — 1큰술

밑간
매실청 — 1/2큰술
콜라 — 6큰술

양념
양파 — 1/2개(120g)
배 — 1/4개(125g)
대파 — 1/2대
설탕 — 1큰술
다진 마늘 — 2큰술
진간장 — 5큰술
맛술 — 2큰술
참기름 — 2큰술
물엿 — 1큰술
후춧가루 — 한 꼬집

1+1 활용법

돼지불고기는 쌈을 싸먹으면 더욱 맛있게 즐길 수 있습니다. 남은 돼지불고기는 덮밥으로 즐겨도 좋아요.

1 돼지고기는 키친타월로 감싸 핏물을 제거한다.

2 볼에 돼지고기, 밑간 재료를 넣어 30분간 재운다. 양념 재료의 양파, 배, 대파를 한입 크기로 썰어 믹서에 넣고 곱게 간다.

3 다른 볼에 양념 재료를 넣어 섞는다.

4 밑간한 돼지고기가 담긴 볼에 양념 재료를 넣어 버무린 후 30분간 숙성시킨다.

5 달군 팬에 식용유를 두르고 중간 불에서 4~5분간 볶은 후 그릇에 담고 통깨를 뿌린다.

고추장양념 돼지불고기

* 매콤 달콤한 고추장양념에 재운 돼지불고기에 쌈 채소를 곁들이면 눈과 입이 즐거워지지요.

조리시간 15분
(+ 고기 밑간 30분, 숙성하기 30분)

3~4인분

재료
돼지고기 앞다릿살 — 600g
식용유 — 2큰술
통깨 — 1큰술

밑간
매실청 — 1/2큰술
콜라 — 6큰술

양념
설탕 — 2큰술
고춧가루 — 3큰술
다진 마늘 — 2큰술
다진 생강 — 1/2큰술
고추장 — 4큰술
소주 — 1큰술
맛술 — 2큰술
진간장 — 3큰술
참기름 — 1큰술
물엿 — 1큰술
후춧가루 — 한 꼬집

1 돼지고기는 키친타월로 감싸 핏물을 제거한다.

2 볼에 돼지고기, 밑간 재료를 넣어 30분간 재운다. 다른 볼에 양념 재료를 넣어 섞는다.

3 밑간한 돼지고기가 담긴 볼에 양념 재료를 넣어 버무린 후 냉장실에 넣고 30분간 숙성시킨다.

4 달군 팬에 식용유를 두르고 중간 불에서 4~5분간 볶은 후 그릇에 담고 통깨를 뿌린다.

된장양념 돼지불고기

* 간장 대신 된장으로 양념해 구수하고 깔끔한 맛이 일품인 돼지불고기입니다.

조리시간 40분
(+ 숙성하기 30분)

3~4인분

재료
돼지고기 앞다릿살 — 600g
식용유 — 2큰술
통깨 — 1큰술

밑간
매실청 — 1/2큰술
콜라 — 6큰술

양념
양파 — 1/2개(120g)
배 — 1/4개(125g)
대파 — 1/2대
설탕 — 1큰술
다진 마늘 — 1큰술
다진 생강 — 1/3큰술
된장 — 2큰술
맛술 — 4큰술
물엿 — 1큰술
참기름 — 1큰술
후춧가루 — 한 꼬집

1 돼지고기는 키친타월로 감싸 핏물을 제거한다.

2 볼에 돼지고기, 밑간 재료를 넣어 30분간 재운다. 양념 재료의 양파, 배, 대파를 한입 크기로 썰어 믹서에 넣고 곱게 간다.

3 다른 볼에 양념 재료를 넣어 섞는다.

4 밑간한 돼지고기가 담긴 볼에 양념 재료를 넣어 버무린 후 30분간 숙성시킨다.

5 달군 팬에 식용유를 두르고 중간 불에서 4~5분간 볶은 후 그릇에 담고 통깨를 뿌린다.

콩나물불고기

* 오늘 저녁은 콩나물의 아삭함과 돼지고기의 쫄깃함이 더해져 맛있는 콩나물불고기 어떠세요?

조리시간 30분
(+ 양념 숙성하기 1시간)

3~4인분

재료

돼지고기 대패 삼겹살 — 600g
(또는 앞다릿살)
콩나물 — 6줌(300g)
팽이버섯 — 1봉(150g)
양파 — 1/2개(120g)
깻잎 — 8장
대파 — 1대
청양고추 — 1개
홍고추 — 1개
식용유 — 2큰술
참기름 — 1큰술
통깨 — 1큰술

양념

설탕 — 1큰술
다진 마늘 — 2큰술
고추장 — 4큰술
진간장 — 4큰술
맛술 — 4큰술
매실청 — 1/2큰술
물엿 — 2큰술
후춧가루 — 한 꼬집

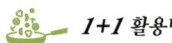

1+1 활용법

남은 콩나물불고기에 밥, 김치, 김가루, 피자치즈, 달걀 등 좋아하는 재료를 넣어 볶음밥을 만들어보세요!

1 볼에 양념 재료를 넣어 섞은 후 냉장실에 넣고 1시간 숙성시킨다. 콩나물은 씻어 체에 밭쳐 물기를 뺀다.

2 팽이버섯은 밑동을 제거한다. 양파는 0.5cm, 깻잎은 1cm 폭으로 채 썬다. 대파, 고추는 어슷 썰고 돼지고기는 키친타월로 감싸 핏물을 제거한 후 먹기 좋은 크기로 썬다.

3 깊은 팬에 식용유를 두른 후 콩나물을 깐다.

4 그 위에 바깥쪽으로 대파, 양파를 둘러가며 넣고 안쪽에 고기와 양념을 넣은 후 뚜껑을 닫는다.

5 중간 불에서 3분간 끓인 후 뚜껑 열어 깻잎, 팽이버섯, 고추를 넣고 모든 재료를 잘 섞는다.

6 중약 불에서 고기가 익을 때까지 5분간 볶은 후 참기름, 통깨를 뿌린다.

돼지고기 수육

* 돼지고기 수육을 맛있게 삶는 법을 알려 드릴게요. 야들야들~ 부드럽고 담백한 수육에 김치를 싸서 한입 가득 먹으면 부러울 게 없을 거예요.

조리시간 1시간
(+ 핏물 제거하기 40분)

3~4인분

재료

통삼겹살 — 1kg
양파 — 1개(240g)
깐 마늘 — 10개
생강 — 1톨
대파 — 1대
물 — 4컵(720㎖)
된장 — 2큰술
인스턴트 커피 — 1큰술
청주 — 1/2컵(90㎖)
소주 — 1/2컵(90㎖)
통후추 — 10알
월계수 잎 — 4장

 조리 포인트

고기를 끓이는 시간은 고기 두께에 따라 조정하면 됩니다. 고기의 핏물을 충분히 제거해야 거품이 생기지 않고 누린내도 나지 않으니 주의하세요.

1 볼에 삼겹살과 잠길 만큼의 물을 넣고 40분간 핏물을 제거한다.

2 고기는 2등분하고 양파는 6등분한다. 생강, 대파는 4~5등분한다.

3 냄비에 물을 붓고 된장, 커피를 넣어 잘 푼 후 모든 재료를 넣는다.

4 센 불에서 10분 → 중간 불로 줄여 30분 → 약한 불로 줄여 10분간 더 끓인 후 고기를 건져낸다.

5 고기를 두툼하게 먹기 좋은 크기로 썬다.
⇨ 뜨거울 수 있으니 장갑이나 집게를 사용하세요.

돼지고기 김치찜

* 밥 한 공기에 김치찜 하나면 진짜 꿀 조합! 김치와 돼지고기를 푹 삶아야 해서 조리 시간은 좀 걸리지만 방법은 어렵지 않으니 꼭 도전해 보세요.

조리시간 1시간

3~4인분

재료

묵은지 — 1/4포기(또는 배추김치, 400g)
돼지고기 삼겹살 — 600g
양파 — 1/2개(120g)
대파 — 1/2대

양념

쌀뜨물 — 3컵(540㎖, 또는 생수, 맛국물, 사골 육수 등)
고춧가루 — 2큰술
들깻가루 — 1큰술
다진 마늘 — 2큰술
진간장 — 1큰술
맛술 — 2큰술
물엿 — 2큰술
들기름 — 1큰술

 조리 포인트

김치 속까지 함께 넣고 조리하면 깊은 맛이 우러나 더 맛있어요.

1 양파는 1cm 두께로 채 썰고 대파는 어슷 썬다. 삼겹살은 2등분한다.

2 냄비에 묵은지를 깔고 삼겹살을 올린다.

3 쌀뜨물, 채소, 양념을 넣고 센 불에서 끓인다.

4 국물이 끓어오르면 중간 불로 줄인 후 뚜껑을 닫아 40~50분간 끓인다.

돼지갈비찜

* 아이들이 특히 좋아하는 돼지갈비, 생각보다 간단해요! 짭조름한 간장 양념에 푹 졸인 부드러운 돼지갈비찜을 소개합니다.

조리시간 1시간 40분
(+ 핏물 제거하기 1시간)

3~4인분

재료
돼지갈비 — 1kg
양파 — 1개(240g)
감자 — 3개(600g)
당근 — 1/3개(70g)
대파 — 1대
청주 — 4큰술
된장 — 1큰술
월계수 잎 — 3장

양념
양파 — 1개(240g)
배 — 1/2개(250g)
생수 — 2컵(360㎖)
진간장 — 1/2컵(90㎖)
설탕 — 1큰술
다진 마늘 — 2큰술
다진 생강 — 1/2큰술
맛술 — 2큰술
매실청 — 1큰술
물엿 — 2큰술
후춧가루 — 한 꼬집

 1+1 활용법

기호에 따라 당면을 추가해도 좋아요. 볼에 당면과 잠길 만큼의 미지근한 물을 넣고 당면이 투명해질 때까지 불린 후 과정⑥에서 대파 넣을 때 함께 넣으세요!

1 돼지갈비는 먹기 좋은 크기로 썰고 기름기를 제거한 후 깨끗이 씻어 찬물에 담가 1시간 핏물을 뺀다. 중간중간 물을 교체한다.

2 냄비에 갈비가 잠길 만큼의 물, 청주, 된장, 월계수 잎을 넣고 센 불로 끓여 끓어오르면 갈비를 넣어 10분간 데친다. 찬물에 헹궈 체에 밭쳐 물기를 뺀다.

3 양파, 당근, 감자는 3cm 크기로 큼직하게 썬다. 당근, 감자는 돌려깎은 후 감자는 물에 10분간 담가 전분기를 뺀다. 대파는 어슷 썬다.

4 양념 재료의 양파, 배는 한입 크기로 썰어 믹서에 넣고 곱게 간다.

5 냄비에 양념 재료를 넣어 섞은 후 데친 돼지갈비를 넣고 센 불에서 15분간 끓인다.

6 감자, 당근을 넣고 중약 불에서 45분 → 양파, 대파를 넣어 5분간 더 졸인다.

삼겹살 간장조림

* 우리나라 사람들이 가장 좋아하는 돼지고기 부위, 삼겹살을 색다르게 먹는 방법을 알려드릴게요. '부타가쿠니'라는 일본 가정식 요리와 비슷한 느낌이지만 한식 양념을 사용해 입맛에 딱 맞을 거예요.

조리시간 45분
3~4인분

재료
돼지고기 삼겹살 — 600g

삶는 물
생강 — 1톨(5g)
대파 — 1대
소주 — 1/2컵(90㎖)
월계수 잎 — 2장
통후추 — 10알

양념
설탕 — 2큰술
다진 생강 — 1/3큰술
진간장 — 4큰술
맛술 — 4큰술
올리고당 — 2큰술
후춧가루 — 한 꼬집

조리 포인트
1. 고기를 조리할 때는 잡냄새를 없애기 위해 뚜껑을 열고 조리하세요.
2. 고기를 센 불에서 삶으면 시간이 단축되나 고기가 단단해지고, 약한 불에서 천천히 조리하면 조리시간은 길어지지만 고기가 부드러워지니 불조절에 주의하세요.

1 삶는 물 재료의 생강은 3~4등분하고 대파는 5cm 길이로 썬다.

2 냄비에 삼겹살이 잠길 만큼의 물, 삶는 물 재료, 삼겹살을 넣고 30분간 삶아 그대로 식힌다.

3 한 김 식힌 삼겹살을 건져내 1.5cm 두께로 도톰하게 썬다.

4 깊은 팬에 양념 재료를 넣어 섞은 후 중간 불에서 30초간 끓인다.

5 삼겹살을 넣고 양념을 끼얹어가며 중약 불에서 3~4분간 졸인다.

장똑똑이

* 고기를 결대로 가늘고 길게 '똑똑' 썰어 졸였다 하여 붙여진 이름이 '장똑똑이'랍니다. 궁중음식이지만 장조림보다 만들기 쉽고 부재료를 바꿔 다양하게 응용할 수도 있어요.

조리시간 30분

3~4인분

재료
돼지고기 앞다릿살 — 400g
양파 — 1/2개(120g)
식용유 — 1큰술
물엿 — 1큰술
참기름 — 1큰술
통깨 — 1큰술

밑간
다진 마늘 — 1큰술
다진 파 — 1큰술
다진 생강 — 1/2큰술
진간장 — 1큰술
매실청 — 1큰술
후춧가루 — 한 꼬집

양념
물 — 1/2컵(90㎖)
진간장 — 2큰술
맛술 — 1큰술
소주 — 1큰술
설탕 — 1큰술

1 돼지고기는 2cm 두께로 길게 썰어 볼에 넣고 밑간 재료와 함께 버무려 10분간 재운다.

2 양파는 1cm 폭으로 채 썬다.

3 팬에 식용유를 두르고 돼지고기를 넣어 센 불에서 1분 → 양파를 넣고 30초간 볶는다.

4 양념 재료를 넣고 중약 불에서 자작하게 4~5분간 졸인다.

5 물엿, 참기름을 넣고 30초간 볶은 후 통깨를 뿌린다.

LA양념갈비

* 집들이, 명절 등 특별한 날 가장 인기 있는 메뉴, LA양념갈비를 소개합니다. 양념에 재워두었다가 구우면 뚝딱 완성돼요.

조리시간 30분
(+ 핏물 제거 2시간, 숙성하기 1일)

3~4인분

재료
LA갈비 — 1kg

양념
배 — 1/2개(250g)
양파 — 1/2개(120g)
설탕 — 1큰술
다진 마늘 — 2큰술
다진 생강 — 1/2큰술
다진 파 — 3큰술
진간장 — 9큰술
청주 — 2큰술
맛술 — 2큰술
매실청 — 1큰술
물엿 — 2큰술
참기름 — 1큰술
후춧가루 — 한 꼬집

 조리 포인트

LA갈비는 핏물을 잘 제거하는 것이 가장 중요해요. 그리고 육질을 부드럽게 만들기 위해 배, 사과, 키위 등 과일 1/2개를 갈아 넣으면 좋습니다. 과일은 냉장고에 있는 것으로 대체해도 좋아요.

1 갈비는 찬물에 2시간 이상 담가 핏물을 제거한 후 체에 받쳐 물기를 뺀다.
⇨ 중간중간 2~3번 정도 물을 교체해야 누린내를 줄일 수 있어요

2 양념 재료의 배는 껍질째 4등분해 씨를 제거한 후 한입 크기로 썬다. 양파도 한입 크기로 썬 후 믹서에 배, 양파를 넣어 곱게 간다.

3 큰 볼이나 사각 용기에 양념 재료를 넣어 섞은 후 핏물을 제거한 갈비를 넣고 잘 버무려 24시간 재운다.

4 달군 팬에 ③을 올린 후 중간 불에서 노릇하게 굽는다.

소갈비찜

* 생일상에 빠지지 않는 소갈비찜을 잡내 없이 질기지 않게 만드는 방법을 알려드릴게요. 그대로 따라 하면 누구나 성공하는 황금 레시피입니다.

조리시간 1시간 40분
(+ 핏물 제거 1시간, 재우기 3시간)

3~4인분

재료

소갈비 — 1kg(찜용)
당근 — 1/2개(100g)
무 — 1/4개(250g)
대파 — 1대
생수 — 3컵(540㎖)

양념

배 — 1/2개(250g)
양파 — 1/2개(120g)
설탕 — 2와 1/2큰술
다진 마늘 — 2큰술
다진 생강 — 1/2큰술
진간장 — 2와 1/2컵(450㎖)
참기름 — 2큰술
통깨 — 2큰술
후춧가루 — 2꼬집

 조리 포인트

소갈비는 마트에서 구입할 때 먹기 좋은 크기로 적당히 손질해 달라고 요청하시면 편리해요.

1 소갈비는 찬물에 1시간 정도 담가 핏물을 제거한 후 헹군다. 체에 밭쳐 30분 이상 물기를 뺀다.

2 양념 재료의 배는 씨를 제거한 후 한입 크기로 썬다. 양파도 한입 크기로 썰고, 당근, 무는 부채꼴 모양으로 두툼하게 썬다. 대파는 채썬다.

3 믹서에 양념 재료의 배, 양파를 넣고 곱게 간 후 큰 볼에 넣고 다른 양념 재료와 함께 섞는다.

4 ③의 볼에 소갈비를 넣고 3시간 동안 재운다.

5 냄비에 물, ④를 넣어 센 불에서 끓어오르면 뚜껑을 닫고 약한 불로 줄여 중간중간 저어가며 30분간 끓인다.

6 무, 당근을 넣어 30분 → 대파를 넣고 5분간 졸인다.

바싹불고기

* 손님상에 내놓기도 좋고, 아이들도 정말 좋아하는 광양식 바싹불고기를 집에서도 만들 수 있어요. 다른 고기반찬보다 만들기도 간단하답니다.

조리시간 30분
(+ 숙성하기 1시간)

3~4인분(약 10개분)

재료

소고기 불고기용 — 600g
대파 — 1대
청양고추 — 2개
식용유 — 2큰술

양념

흑설탕 — 1큰술
다진 마늘 — 2큰술
맛술 — 1큰술
진간장 — 5큰술
물엿 — 1큰술
참기름 — 1큰술
후춧가루 — 한 꼬집
물 — 1/3컵(60㎖)
통깨 — 2큰술

1 대파, 청양고추, 소고기는 잘게 다진다.

2 다진 소고기는 넓게 펴서 키친타월로 꾹꾹 눌러가며 핏물을 제거한다.
⇒ 소고기를 다진 후 핏물을 제거하면 누린내를 줄일 수 있어요.

3 볼에 양념 재료를 넣어 섞은 후 고기를 넣고 치대가며 반죽한다. 냉장실에 넣어 1시간 이상 숙성시킨다.

4 반죽한 소고기를 지름 8cm, 두께 0.5cm 크기로 둥글넓적하게 빚는다.

5 달군 팬에 식용유를 두른 후 반죽을 올려 약한 불에서 2분 → 뒤집어 2분간 앞뒤로 노릇하게 굽는다.

떡갈비

* 임금님이 즐겨 드시던 궁중음식인 떡갈비. 소고기를 다져 만든 모양이 떡을 닮아 붙은 이름이기도 합니다. 양념이 자극적이지 않아 더 고급스러운 맛이에요.

조리시간 40분(+ 고기 재우기 20분, 반죽 숙성하기 20분)

3~4인분(5~6개분)

재료
다진 소고기 — 400g
양파 — 1/2개(120g)
대파 — 1대
식용유 — 2큰술

밑간
배 — 1/4개(125g)
청주 — 2큰술
매실청 — 1큰술
후춧가루 — 한 꼬집

양념
설탕 — 1/2큰술
감자전분 — 2큰술
다진 마늘 — 1큰술
진간장 — 2큰술
참기름 — 2큰술
소금 — 한 꼬집

조리 포인트
1. 다진 소고기 핏물을 키친타월로 꾹꾹 눌러가며 잘 제거하면 누린내가 나지 않아요.
2. 팬에 노릇하게 익힐 때 약한 불로 서서히 익혀야 타지 않아요.

1 다진 소고기를 넓게 펴서 키친타월에 꾹꾹 눌러가며, 핏물을 제거한다. 볼에 양념 재료를 넣어 섞는다.

2 대파, 양파는 잘게 다지고 밑간 재료의 배는 씨를 제거한 후 믹서에 넣어 곱게 간다.

3 볼에 핏물을 제거한 소고기, 밑간 재료를 넣어 살살 치대가며 섞어 20분간 둔다.

4 ③의 볼에 양념 재료, 양파, 대파를 넣고 잘 섞어 10분간 치댄 후 냉장실에 넣어 20분간 숙성시킨다.

5 숙성시킨 떡갈비를 지름 10cm, 두께 1cm 크기로 둥글넓적하게 빚는다.

6 달군 팬에 식용유를 두르고 떡갈비 반죽을 올려 중약 불에서 앞뒤로 4분씩 노릇하게 굽는다.

소고기 감자조림

* 일본식 감자조림인 니쿠자가를 응용해서 한국식 소고기 감자조림을 만들어 보았습니다. 감자만 졸여도 맛있는데 소고기가 들어가서 더욱 푸짐하고 맛깔스러워요.

조리시간 40분

2~3인분

재료
소고기 — 200g
감자 — 3개(600g)
당근 — 1/2개(100g)
꽈리고추 — 10개
통깨 — 1큰술

밑간
청주 — 2큰술
후춧가루 — 한 꼬집

양념
설탕 — 1큰술
다진 마늘 — 2큰술
맛술 — 4큰술
진간장 — 6큰술
물엿 — 4큰술
참기름 — 1큰술

1+1 활용법
청양고추 2개를 굵게 다져 넣으면 매콤함이 더해져 색다른 맛의 반찬으로 즐기실 수 있습니다.

1 소고기는 키친타월로 감싸 핏물을 제거한다.

2 감자, 당근, 소고기는 한입 크기로 썬다. 꽈리고추는 포크로 구멍을 내거나 2cm 길이로 썬다. 소고기는 한입 크기로 썬다.

3 볼에 소고기, 밑간 재료를 넣고 버무려 10분간 재운다.

4 끓는 물에 감자를 넣고 10분간 삶아 건져낸 후 체에 밭쳐 찬물에 헹궈 물기를 뺀다.

5 냄비에 양념 재료를 넣어 섞은 후 중간 불에서 끓인다. 양념이 끓어오르면 소고기, 감자, 당근을 넣고 중약 불로 줄여 5분간 졸인다.

6 꽈리고추를 넣고 양념이 거의 다 졸아들 때까지 약한 불로 2분간 졸인다. 불을 끄고 통깨를 뿌린다.

소고기 굴소스볶음

* 소고기와 채소를 굴소스에 휘리릭 볶으면 쉽고 빠르고 맛깔난 일품 반찬이 뚝딱 탄생합니다! 술안주로도 잘 어울려요.

조리시간 30분
2~3인분

재료

소고기 양지(또는 목살, 기름기 적은 부위) — 150g
양파 — 1/2개(120g)
노란 파프리카 — 1/4개(50g)
청피망 — 1/2개(50g)
홍피망 — 1/2개(50g)
식용유 — 1큰술
참기름 — 1큰술
다진 마늘 — 1큰술
통깨 — 1큰술

밑간

감자전분 — 1큰술
진간장 — 1큰술
맛술 — 2큰술
후춧가루 — 한 꼬집

양념

설탕 — 1큰술
진간장 — 1큰술
굴소스 — 1큰술
물엿 — 1큰술

조리 포인트

소고기를 볶을 땐 센 불에서 고기 겉이 살짝 탄 듯이 볶아야 육즙이 못 빠져나와 더 부드럽고 풍미가 좋아요.

1 소고기는 찬물에 10분간 담가 핏물을 뺀 후 체에 받쳐 물기를 뺀다.

2 채소, 소고기는 2cm 한입 크기로 썬다.

3 볼에 밑간 재료를 넣어 섞은 후 소고기를 넣고 잘 버무려 10분간 밑간한다.

4 달군 팬에 식용유, 참기름을 두르고 다진 마늘, 양파를 넣고 센 불에서 30초 → 밑간한 소고기를 넣고 2분간 볶는다.

5 파프리카, 피망, 양념 재료를 넣고 중간 불에서 30초간 볶은 후 통깨를 넣는다.

훈제오리 버섯볶음

* 맛도 좋고 영양가도 풍부한 오리고기반찬입니다. 오리고기는 불포화지방산과 아미노산, 콜라겐이 풍부해 혈관질환 예방, 기력 회복, 피부 미용에 좋은 식재료지요.

조리시간 20분
3~4인분

재료
훈제오리 — 250g
양파 — 1/4개(60g)
새송이버섯 — 1/2개(40g)
청피망 — 1/4개(25g)
홍피망 — 1/4개(25g)
식용유 — 2큰술
통깨 — 1큰술

양념
다진 마늘 — 1큰술
진간장 — 1큰술
맛술 — 2큰술
물엿 — 1큰술

조리 포인트
1. 훈제오리를 볶은 후에 기름을 제거해주면 좋습니다.
2. 청양고추를 썰어 넣거나, 고춧가루를 살짝 뿌려 볶으면 더 깔끔하게 드실 수 있습니다.

1 훈제오리는 먹기 좋은 크기로 썰고, 양파, 피망은 한입 크기로 썬다. 새송이버섯도 양파와 같은 모양으로 썬다. 볼에 양념 재료를 넣어 섞는다.

2 달군 팬에 훈제오리를 넣고 중간 불에서 2분간 타지 않도록 주의하며 뒤집어가며 볶는다. 볶으면서 나온 기름은 제거하고 훈제오리만 그릇에 덜어둔다.

3 팬을 다시 달궈 식용유를 두른 후 양파, 새송이버섯을 넣고 중간 불에서 2분간 볶는다.

4 볶아둔 훈제 오리, 양념, 피망을 넣고 중약 불에서 1분간 볶아 불을 끈 후 통깨를 뿌린다.

닭볶음탕

* 오늘 저녁은 가족들 모두 좋아하는 인기 반찬, 닭볶음탕을 만들어 보세요. 시원하고 얼큰한 닭볶음탕 하나면 푸짐한 저녁식사가 완성됩니다.

조리시간 50분

3~4인분

재료

닭 볶음탕용 — 1팩(1kg)
감자 — 2개(400g)
양파 — 1/2개(120g)
당근 — 1/3개(70g)
대파 — 1/2대
풋고추 — 1개
소주 — 4큰술
맛국물 — 2컵(또는 생수, 360㎖)
※ 만들기 24쪽 참고
다진 마늘 — 1큰술
설탕 — 1큰술

양념

설탕 — 1큰술
고춧가루 — 3큰술
다진 마늘 — 1큰술
다진 생강 — 1/2큰술
고추장 — 3큰술
양조간장 — 2큰술
매실청 — 1/2큰술
물엿 — 2큰술
참기름 — 1큰술
후춧가루 — 한 꼬집

조리 포인트

닭 내장과 지방을 깔끔하게 제거해야 누린내를 잡을 수 있어요.

1 닭은 내장과 기름기를 제거한다.

2 냄비에 닭이 잠길 만큼의 물을 넣고 센 불에서 끓여 끓어오르면 소주, 닭을 넣고 5분간 데친다. 찬물에 헹궈 체에 밭쳐 물기를 뺀다.

3 감자, 양파, 당근은 큼직하게 썰고, 대파, 풋고추는 어슷 썬다. 볼에 양념 재료를 넣어 섞는다.

4 냄비에 맛국물, 마늘, 설탕을 넣고 센 불에서 끓어오르면 닭을 넣어 중간 불에서 5분 → 감자, 양파, 당근, 양념을 넣고 15분간 끓인다.

5 대파, 풋고추를 넣고 약한 불로 줄여 5분간 끓인다.

닭갈비

* 입에 착 붙는 매콤한 양념에 담백한 닭과 채소가 어우러진 별미 요리, 닭갈비입니다. 한 번 만들어보면 간단한데 맛있어서 정말 자주 해먹게 될 거예요.

조리시간 40분
(+ 숙성하기 30분)

3~4인분

재료
- 닭다릿살 — 500g
- 떡볶이 떡 — 1컵(150g)
- 양파 — 1/2개(120g)
- 양배추 — 1/16통(약 150g)
- 고구마 — 1개(200g)
- 당근 — 1/4개(50g)
- 깻잎 — 6장
- 대파 — 1/2대
- 청주 — 2큰술
- 다진 생강 — 1/3큰술
- 식용유 — 2큰술
- 통깨 — 1큰술

양념
- 고춧가루 — 2큰술
- 다진 마늘 — 2큰술
- 다진 생강 — 1/2큰술
- 고추장 — 3큰술
- 진간장 — 2큰술
- 매실청 — 1큰술
- 맛술 — 2큰술
- 물엿 — 2큰술
- 참기름 — 1큰술
- 후춧가루 — 한 꼬집

조리 포인트
1. 센 불에 볶으면 쉽게 타서 자칫 요리를 망칠 수 있으니 주의하세요.
2. 취향에 따라 치즈가루나 슬라이스 치즈를 넣으면 색다르게 즐길 수 있습니다.

1 닭다릿살은 기름기를 제거한 후 먹기 좋은 크기로 썰어 잔 칼집을 넣는다.

2 볼에 닭다릿살, 청주, 다진 생강을 넣어 버무린 후 15분간 둔다.

3 고구마, 당근은 0.5cm 두께의 직사각형 모양으로 썬다. 양파, 양배추는 1cm 폭으로 채 썰고 깻잎, 대파는 어슷 썬다.

4 큰 볼에 양념 재료를 넣어 섞은 후 밑간한 닭다릿살을 넣고 잘 버무린다. 냉장실에 넣어 30분간 숙성시킨다.

5 깊은 팬에 식용유를 두르고 닭다릿살, 떡볶이 떡, 양파, 양배추, 고구마, 당근을 넣고 중간 불에서 5~6분간 볶는다.

6 깻잎, 대파를 넣어 2~3분간 볶은 후 통깨를 뿌린다.

안동식 찜닭

* 매콤한 닭볶음탕도 맛있지만 가끔은 간장으로 만든 깔끔한 안동찜닭이 생각날 때가 있죠. 국물 하나 안 남기고 끝까지 맛있게 먹을 수 있는 안동찜닭을 지금 만들어 볼까요?

조리시간 1시간 10분
3~4인분

재료
- 닭 볶음탕용 — 1팩(1kg)
- 당면 — 2줌(100g)
- 감자 — 1개(200g)
- 당근 — 1/2개(100g)
- 양파 — 1개(240g)
- 대파 — 1대
- 청양고추 — 2개
- 건고추 — 4개
- 물 — 2컵(360㎖)
- 소주 — 1/2컵(90㎖)
- 다진 생강 — 1/2큰술
- 식용유 — 2큰술
- 참기름 — 1큰술
- 통깨 — 2큰술

양념
- 설탕 — 2큰술
- 다진 마늘 — 2큰술
- 다진 생강 — 1/2큰술
- 생수 — 1컵(180㎖)
- 간장 — 1/2컵(90㎖)
- 맛술 — 3큰술
- 청주 — 3큰술
- 물엿 — 2큰술
- 후춧가루 — 2꼬집

 조리 포인트

닭을 데치면 잡냄새가 사라지며 기름기를 제거할 수 있어서 맛이 깔끔해지고 칼로리도 줄일 수 있어요.

1 당면은 찬물에 담가 1시간 정도 불린다. 볼에 양념장을 넣어 섞는다.

2 감자, 당근, 양파는 큼직하게 썰고 감자는 찬물에 10분간 담가 전분기를 제거한다. 대파, 청양고추는 어슷 썰고 건고추는 가위로 2~3등분한다.

3 닭은 내장과 기름기를 제거한 후 깨끗이 씻어 칼집을 낸다.

4 냄비에 물, 소주, 다진 생강을 넣어 센 불에서 끓인다. 물이 끓어오르면 닭을 넣고 10분간 완전히 익힌 후 찬물에 헹궈 체에 밭쳐 물기를 뺀다.

5 깊은 팬에 식용유를 두르고 건고추를 넣어 중간 불에서 1분 → 닭, 당근, 감자, 양파, 양념을 넣고 뚜껑을 닫아 15분간 끓인다.

6 당면, 대파, 청양고추를 넣어 5분간 졸인 후 참기름과 통깨를 넣는다.

닭강정

* 순살로 만든 매콤달콤 닭강정을 소개합니다. 바삭바삭 치느님이 매콤달콤 양념을 입으니 어찌 맛이 없을 수 있겠나요!

조리시간 40분
(+ 잡내 제거하기 2시간)

3~4인분

재료

닭다릿살 — 600g
우유 — 1컵(180㎖)
튀김가루 — 1컵
달걀 — 1개
식용유 — 넉넉히(튀김용)

밑간

소금 — 2꼬집
후춧가루 — 2꼬집
시판 카레가루 — 1큰술

양념

고추장 — 2큰술
다진 마늘 — 2큰술
토마토케첩 — 5큰술
진간장 — 1큰술
물엿 — 4큰술
소주 — 2큰술

 조리 포인트

1. 닭고기를 우유에 재웠다가 사용하고, 밑간으로 카레가루를 넣으면 잡냄새가 제거돼요.
2. 닭을 두 번 튀기면 더 맛있고 바삭합니다.
3. 아몬드 슬라이스, 호박씨, 해바라기씨 등을 다져서 마지막에 고명으로 올리면 더 맛있어요.

1 닭다릿살은 기름기를 제거한 후 볼에 넣는다. 우유를 붓고 2~3시간 담가둔다.

2 닭다릿살을 찬물에 넣어 헹군 후 한입 크기로 썬다. 밑간 재료와 함께 버무려 15분간 둔다.

3 볼에 달걀을 넣어 푼다. 밑간한 닭고기에 달걀 → 튀김가루 순으로 옷을 입힌다.

4 깊은 팬에 식용유를 넉넉히 붓고 중간 불에서 끓인 후 튀김가루를 넣었을 때 기포를 내며 바로 떠오를 때(약 170℃) 닭고기를 넣고 노릇하게 4분간 튀긴 후 건져낸다.

5 한 김 식힌 후 다시 중간 불에서 식용유를 170℃로 끓여 튀긴 닭다릿살을 넣어 4분간 튀긴 후 체에 밭쳐 기름기를 뺀다.

6 다른 팬에 양념 재료를 넣고 센 불에서 30초간 끓인 후 닭튀김을 넣어 버무린다.

★★★★

일품요리 Part 2

해산물 반찬

감칠맛은 살리고 비린내는 잡았다!

푸짐하게 조리해
온 가족이 바로 먹는 일품 해산물반찬

누구나 맛있게 먹을 수 있는 음식을 만들어
대접하고 싶은 마음으로 구성한 해산물반찬입니다.
생선·해물에 선입견이 있던 분도
맛있게 즐길 수 있는
비법 레시피를 소개합니다.

꼬막무침

* 쫄깃한 육질과 씹는 순간 퍼지는 바다 향이 잃어버린 입맛을 소환하는 꼬막무침입니다. 꼬막무침과 밥을 비비면, 유명한 맛집 못지않은 꼬막비빔밥이 완성돼요!

조리시간 25분
(+ 해감하기 4시간)

3~4인분

재료

꼬막 — 2kg(또는 꼬막살, 600g)
양파 — 1/2개(120g)
상추 — 10장
깻잎 — 10장
미나리 — 50g(약 10줄기)
통깨 — 1큰술

양념

설탕 — 1큰술
고춧가루 — 4큰술
다진 마늘 — 2큰술
고추장 — 2큰술
진간장 — 2큰술
맛술 — 1큰술
물엿 — 1큰술
매실청 — 2큰술
참기름 — 1큰술

조리 포인트

꼬막을 삶을 때, 한 방향으로만 저어 익히면 불순물이 더 잘 제거되고 살이 껍질 한쪽 면으로만 달라붙어 손질하기 편합니다. 또한 팔팔 끓는 물에 삶으면 질겨지니 중간 불로 끓이세요.

1 볼에 물, 소금(1큰술)을 넣어 녹인 후 꼬막을 넣고 검은색 봉투나 신문지로 덮어 4시간 해감한 후 꼬막을 깨끗한 물에 넣고 바락바락 주물러 비벼가며 여러 번 씻는다.

2 냄비에 꼬막이 잠길 만큼의 물, 소금(1큰술)을 넣고 센 불에서 끓어오르면 중간 불로 줄여 꼬막을 넣고 한 방향으로 저어가며 5분간 삶는다.

3 양파, 깻잎은 가늘게 채 썰고, 상추는 굵게 채 썬다. 미나리는 3cm 길이로 썬다.

4 큰 볼에 양념 재료를 넣어 섞는다.

5 삶은 꼬막은 살을 발라낸 후 찬물에 넣어 헹군다.

6 양념에 모든 재료를 넣고 무친다.

매콤 바지락볶음

* 중국 칭다오에는 칭다오 맥주에 잘 어울리는 바지락볶음, 라차오거리가 유명합니다. 만들기가 간단해서 반찬 하기 귀찮은 날에 추천해요. 야심한 밤 간단 술안주로도 딱!

조리시간 20분
(+ 해감하기 3시간)

3~4인분

재료

바지락 — 600g
양파 — 1/4개(60g)
깐 마늘 — 6개
청양고추 — 2개
건고추 — 2개
대파 — 1대
식용유 — 5큰술
다진 생강 — 1/2큰술
생수 — 1컵(180㎖)
파슬리가루 — 한 꼬집(생략 가능)

양념

다진 마늘 — 1큰술
진간장 — 1과 1/2큰술
청주 — 2큰술
참기름 — 1큰술
후춧가루 — 한 꼬집

 조리 포인트

1. 조개류는 해감과 불순물 제거를 위한 세척 과정이 매우 중요해요. 세척할 때는 껍데기가 부서져 날카로울 수 있으니 꼭 고무장갑을 착용하고 세척하도록 하세요.
2. 바지락을 만졌을 때 입을 빨리 다무는 바지락이 신선한 바지락이며, 반응이 없으면 죽은 바지락이니 골라내세요.
3. 취향에 따라 고수를 넣으면 새로운 향의 요리가 됩니다.

1 바지락을 바락바락 주물러 비벼가며 맑은 물이 나올 때까지 여러 번 씻는다. 볼에 바지락이 잠길 만큼의 물, 소금(1큰술)을 넣어 잘 섞은 후 바지락을 넣고 검은색 봉투나 신문지로 덮어 3시간 해감한다.

2 양파는 채 썰고 마늘은 편 썬다. 청양고추, 건고추, 대파는 어슷 썬다.

3 달군 팬에 식용유를 두르고 양파, 청양고추, 건고추, 편 썬 마늘, 대파, 다진 생강을 넣어 센 불에서 20초간 볶아 향을 낸다.

4 중간 불로 줄여 바지락, 양념 재료를 넣어 2분 → 생수를 넣어 국물이 자작해질 때까지 4~5분간 끓인 후 불을 끈다. 그릇에 담아 파슬리를 뿌린다.

오징어볶음

* 매콤한 볶음 반찬의 대표주자, 오징어볶음입니다. 매콤한 오징어볶음으로 땀을 쫙 빼고 입맛 살려보세요!

조리시간 35분

3~4인분

재료
손질 오징어 — 2마리(500g)
양파 — 1/2개(120g)
양배추 — 3장(100g)
당근 — 1/3개(70g)
대파 — 1/2대
풋고추 — 1개
홍고추 — 1개
식용유 — 2큰술
참기름 — 1큰술
통깨 — 1큰술

양념
설탕 — 2큰술
고춧가루 — 3큰술
다진 마늘 — 1큰술
고추장 — 4큰술
진간장 — 2큰술
매실청 — 1큰술
맛술 — 2큰술
물엿 — 2큰술
후춧가루 — 한 꼬집

 재료 고르기

오징어는 손질된 것을 구입하시면 편리하고, 원물로 구입하셨을 경우 가위로 몸통을 잘라 펼친 후 내장, 눈, 입을 제거하고 껍질을 벗겨 조리하세요.

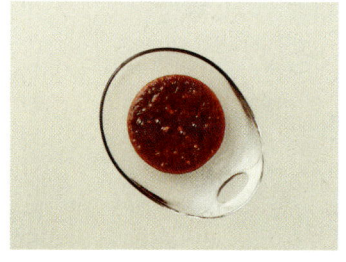

1 볼에 양념 재료를 넣어 섞은 후 냉장실에 넣어 30분간 숙성시킨다.

2 양파는 1cm 폭으로 채 썰고, 양배추는 5cm 길이, 2cm 폭으로 썬다. 당근은 양배추와 같은 모양으로 얇게 썰고, 대파, 고추는 어슷 썬다.

3 손질한 오징어는 몸통에 칼집을 낸다.

4 오징어 몸통은 길게 2등분해 1cm 두께로 썰고, 다리는 4cm 길이로 썬 후 깨끗이 씻어 체에 밭쳐 물기를 뺀다.

5 달군 팬에 식용유를 두르고 양파, 양배추를 넣어 양파가 투명해질 때까지 중간 불에서 3분 → 오징어를 넣어 3분간 볶는다.

6 양념, 당근, 대파, 고추를 넣고 2분간 볶은 후 참기름, 통깨를 넣고 섞는다.

오삼불고기

＊ 돼지고기와 오징어의 맛있는 만남! 쌈에 싸서 먹으면 맛있고 가족과 함께 먹으면 더 맛있는 메뉴랍니다. 오늘 뭐 먹을까 고민 중이라면 오삼불고기 어떠세요?

조리시간 50분

3~4인분

재료

손질 오징어 — 2마리(500g)
돼지고기 삼겹살 — 300g
양파 — 1/2개(120g)
대파 — 1/2대
풋고추 — 1개
홍고추 — 1개
식용유 — 2큰술
참기름 — 1큰술
통깨 — 1큰술

밑간

맛술 — 2큰술
후춧가루 — 한 꼬집
다진 생강 — 1/2큰술

양념

설탕 — 3큰술
고춧가루 — 5큰술
다진 마늘 — 2큰술
고추장 — 6큰술
진간장 — 3큰술
매실청 — 1큰술
맛술 — 2큰술
물엿 — 2큰술
후춧가루 — 한 꼬집

 조리 포인트

오징어, 삼겹살, 채소를 따로따로 센 불에서 볶아 불향을 내면 더 맛있게 즐길 수 있습니다.

1 볼에 양념 재료를 넣어 섞은 후 냉장실에 넣어 30분간 숙성시킨다.

2 양파는 1cm 폭으로 채 썰고, 대파, 고추는 어슷 썬다. 삼겹살은 3cm 폭으로 썬다.

3 손질한 오징어는 몸통에 칼집을 낸 후 길게 2등분해 1cm 두께로 썬다. 다리는 4cm 길이로 썬 후 깨끗이 씻어 체에 받쳐 물기를 뺀다.

4 볼에 삼겹살과 밑간 재료를 넣어 버무려 10분간 둔다.

5 달군 팬에 식용유를 두르고 양파를 넣어 센 불에서 양파가 투명해질 때까지 1분 → 오징어, 삼겹살을 넣어 중간 불에서 5분간 볶는다.

6 양념, 대파, 고추를 넣고 약한 불에서 2분간 볶은 후 참기름, 통깨를 넣어 잘 섞는다.

오징어초무침

* 정말 간단하고 실패 확률도 낮은 오징어초무침입니다. 각종 채소와 쫄깃하고 부드러운 오징어, 새콤달콤한 양념이 어우러져 입맛을 돋워줄 거예요.

조리시간 40분

3~4인분

재료

통 오징어 — 1마리(250g)
오이 — 1/2개(100g)
양파 — 1/2개(120g)
미나리 — 100g
깻잎 — 8장
홍고추 — 1개
풋고추 — 1개
참기름 — 1큰술
통깨 — 1큰술

양념

설탕 — 2큰술
고춧가루 — 2큰술
다진 마늘 — 1/2큰술
고추장 — 2큰술
매실청 — 2큰술
물엿 — 1큰술
식초 — 3큰술

 1+1 활용법

양념을 2배로 늘리고, 소면을 삶아 함께 비벼 먹으면 더 맛있습니다.

1 오징어는 배를 가르지 말고 다리만 잡아 당겨 분리한 후 내장을 제거한다. 다리에 붙어있는 입, 눈을 주물러가며 제거하고 밀가루를 묻혀 바락바락 씻는다.

2 끓는 물에 오징어를 넣어 20~30초간 살짝 데친 후 건져낸다. 오징어 몸통은 링으로 썰고, 다리는 먹기 좋게 썬다.

3 큰 볼에 양념 재료를 넣어 섞는다.

4 오이는 길게 2등분해 씨를 제거한 후 0.5cm 두께로 어슷 썬다. 양파는 가늘게 채 썰고 미나리는 3cm 길이로 썬다. 깻잎은 1cm 폭으로 채 썰고, 고추는 어슷 썬다.

5 ③의 볼에 오징어, 채소, 참기름을 넣어 무친 후 통깨를 뿌린다.

낙지볶음

* 낙지는 지방이 거의 없고 타우린, 무기질, 아미노산이 다량 들어 있어 원기회복에 좋아요. 탱글탱글 맛있는 보양식, 낙지볶음을 만들어 볼까요?

조리시간 35분
(+ 숙성하기 30분)
3~4인분

재료
낙지 — 4마리(350g)
양파 — 1/2개(180g)
양배추 — 3장(100g)
당근 — 1/3개(70g)
대파 — 1대
풋고추 — 1개
홍고추 — 1개
식용유 — 2큰술
녹말물 — 1큰술(감자전분 1/2큰술 + 생수 1/2큰술)
참기름 — 1큰술
통깨 — 1큰술

양념
설탕 — 2큰술
고춧가루 — 3큰술
다진 마늘 — 1큰술
다진 생강 — 1/2큰술
고추장 — 6큰술
청주 — 2큰술
맛술 — 1큰술
진간장 — 2큰술
매실청 — 1/2큰술
물엿 — 1큰술
후춧가루 — 한 꼬집

 조리 포인트

약한 불로 조리하면 채소에서 물이 나와 맛이 없고, 오래 볶으면 낙지가 질겨지므로 센 불에서 빠르게, 타지 않게 조심조심 볶으세요.

1 낙지는 머리를 갈라 뒤집은 후 내장을 제거한다. 다리와 몸통을 분리한 후 눈과 입을 제거한다.

2 볼에 낙지, 밀가루(2큰술), 소금(1/5큰술)을 넣어 바락바락 주물러 맑은 물이 나올 때까지 깨끗이 씻은 후 4cm 길이로 썬다.

3 끓는 물에 낙지를 넣고 30초간 데친 후 체에 밭쳐 물기를 뺀다. 볼에 양념 재료를 넣어 섞고 데친 낙지를 넣어 버무린 후 냉장실에 넣어 30분간 숙성시킨다.

4 양파는 1cm 폭으로 채 썰고 양배추는 5cm 길이, 2cm 폭으로 썬다. 당근은 양배추와 같은 모양으로 얇게 썰고, 대파, 풋고추, 홍고추는 어슷 썬다.

5 달군 팬에 식용유를 두르고 양파, 양배추를 넣어 투명해질 때까지 센 불에서 3분 → 양념한 낙지를 넣고 중간 불에서 3분간 볶는다.

6 녹말물, 대파와 당근, 고추를 넣고 약한 불에서 2분간 볶은 후 참기름, 통깨를 넣어 섞는다.

주꾸미볶음

* 타우린이 풍부해 피로회복에도 좋아 특히 수험생들에게 추천하는 주꾸미볶음입니다. 취향에 따라, 삼겹살을 넣어 볶거나 콩나물과 소면을 곁들여도 좋아요.

조리시간 35분
(+ 숙성하기 30분)

3~4인분

재료

주꾸미 — 10마리(550g)
양파 — 1/2개(120g)
양배추 — 3장(100g)
당근 — 1/3개(70g)
대파 — 1대
풋고추 — 2개
홍고추 — 2개
녹말물 — 2큰술(감자전분 1큰술 + 생수 1큰술)
식용유 — 2큰술
참기름 — 1큰술
통깨 — 1큰술

양념

설탕 — 2큰술
고춧가루 — 2큰술
고추장 — 3큰술
다진 마늘 — 1큰술
다진 생강 — 1/2큰술
진간장 — 1큰술
맛술 — 1큰술
물엿 — 1큰술
매실청 — 1/2큰술
후춧가루 — 한 꼬집

1 주꾸미는 머리와 다리의 연결 부분에 칼집을 내 머리를 뒤집어 내장을 제거한 후 머리에 칼집을 낸다.
⇒ 머리에 칼집을 내면 익혀서 먹을 때 입 안이 데일 수 있는 것을 방지해줍니다.

2 볼에 주꾸미, 밀가루(2큰술), 소금(1/4큰술)을 넣어 바락바락 주물러 깨끗한 물이 나올 때까지 씻는다. 끓는 물에 넣고 30초간 데친 후 체에 밭쳐 물기를 뺀다.

3 볼에 양념 재료를 넣어 섞은 후 주꾸미를 넣고 버무려 냉장실에 넣어 30분간 숙성시킨다.

4 양파는 1cm 폭으로 채 썰고 양배추는 5cm 길이, 2cm 폭으로 썬다. 당근은 양배추와 같은 모양으로 얇게 썰고, 대파, 풋고추, 홍고추는 어슷 썬다.

5 달군 팬에 식용유를 두르고 양파, 양배추를 넣어 양파가 투명해질 때까지 센 불에서 3분 → 주꾸미를 넣고 중간 불에서 3분간 볶는다.

6 녹말물, 당근, 대파, 고추를 넣고 중약 불에서 2분간 볶은 후 참기름, 통깨를 넣어 섞는다. 먹기 전에 알맞은 크기로 자른다.

갈치조림

* 신선한 갈치와 도톰하게 썬 감자, 무를 함께 졸인 갈치조림 하나면 다른 반찬이 필요 없죠!

조리시간 35분

3~4인분

재료
손질 갈치 — 1마리
(4~6토막, 300g)
감자 — 1개(200g)
무 — 1/7개(150g)
양파 — 1/4개(120g)
대파 — 1대

밑간
청주 — 1큰술
소금 — 한 꼬집

양념
맛국물 — 2컵(360㎖)
※ 만들기 24쪽 참고
설탕 — 1큰술
고춧가루 — 2큰술
고추장 — 1큰술
다진 마늘 — 1큰술
다진 생강 — 1/2큰술
진간장 — 2큰술
까나리액젓 — 1큰술
맛술 — 2큰술
들기름 — 1큰술
후춧가루 — 한 꼬집

🍳 조리 포인트

1. 뒤적거리지 말고 졸여야 갈치와 감자가 부서지지 않아요.
2. 냄비에 재료가 눌어붙지 않도록 졸이는 중간중간 냄비 손잡이를 잡고 살살 흔들어 주세요.

1 갈치는 칼로 비늘을 긁어낸 후 깨끗이 씻어 앞뒤로 칼집을 낸다.

2 볼에 갈치, 밑간 재료를 넣어 10분간 둔다. 볼에 양념 재료를 넣어 섞는다.

3 감자, 무는 부채꼴 모양의 1cm 두께로 썰고, 양파는 0.5cm 두께로, 대파는 가늘게 채 썬다.

4 깊은 팬에 감자, 무를 깔고, 갈치를 올린 후 양파를 넣는다. 양념을 넣어 중간 불에서 10분간 끓인다.
➡ 중간중간 국물을 끼얹어가면서 졸여야 양념이 잘 배요.

5 대파를 넣어 약한 불에서 국물이 자작해질 때까지 끓인다.

고등어 묵은지조림

* 국민 생선, 고등어와 잘 익은 묵은지를 넣고 푹 졸인 반찬입니다. 둘째가라면 서러운 밥도둑이죠.

조리시간 40분

3~4인분

재료

묵은지 — 1/4포기(400g)
고등어 — 1마리(조림용, 280~320g)
양파 — 1/2개(120g)
대파 — 2/3대

양념

맛국물 — 1과 1/2컵(또는 쌀뜨물, 270㎖)
※ 만들기 24쪽 참고
설탕 — 1큰술
고춧가루 — 2큰술
다진 마늘 — 2큰술
다진 생강 — 1/2큰술
김치 국물 — 4큰술
진간장 — 1/2큰술
매실청 — 1큰술
맛술 — 2큰술
참기름 — 1큰술

 조리 포인트

더 얼큰하게 즐기고 싶다면 청양고추를 1개 송송 썰어 넣으세요.

1 고등어는 머리, 내장, 지느러미를 제거하고 깨끗이 씻은 후 4등분한다. 쌀뜨물에 담가 15분간 둔다. 쌀뜨물이 없다면 소주 2큰술을 넣고 잠길 만큼의 생수를 부어 담가둔다.

2 묵은지는 밑동을 제거한 후 먹기 좋은 크기로 썬다. 양파는 1cm 폭으로 채 썰고, 대파는 어슷 썬다. 볼에 양념 재료를 넣어 섞는다.

3 냄비 바닥에 묵은지를 깔고, 고등어를 올린다. 양념을 넣고 센 불에서 끓여 끓어오르면 약한 불로 줄여 15분간 끓인다.

4 양파, 대파를 넣고 5분간 끓인다.

고등어 무조림

* 고등어에는 EPA와 DHA 같은 불포화지방산이 풍부하여 다이어트나 두뇌활동에 좋다고 알려져 있습니다. 고등어의 비린내까지 꽉 잡은 건강 반찬, 고등어조림을 소개할게요.

조리시간 40분
3~4인분

재료
고등어 — 1마리(조림용, 280~320g)
무 — 1/4개(250g)
양파 — 1/2개(120g)
대파 — 1개
통깨 — 1큰술

양념
맛국물 — 2컵(360㎖)
※ 만들기 24쪽 참고
설탕 — 1큰술
고춧가루 — 2큰술
고추장 — 2큰술
다진 마늘 — 1큰술
다진 생강 — 1/2큰술
진간장 — 2큰술
물엿 — 1큰술
청주 — 2큰술
참기름 — 1큰술
후춧가루 — 한 꼬집

조리 포인트

1. 고등어의 비린내는 쌀뜨물에 담가두면 잡을 수 있어요.
2. 생선조림을 졸일 때는 뒤적거리지 말아야 고등어가 부서지지 않아요.

1 고등어는 머리, 내장, 지느러미를 제거하고 깨끗이 씻은 후 4등분한다.

2 무는 부채꼴 모양의 0.5cm 두께로 썬다. 양파는 0.5cm 두께로, 대파는 가늘게 채 썬다. 볼에 양념 재료를 넣어 섞는다.

3 냄비에 무를 깔고, 고등어를 올린 후 양파를 넣는다.

4 맛국물을 붓고 양념장을 넣어 푼 후 중간 불에서 끓여 물이 끓어오르면 뚜껑을 열고 15분간 끓인다.
⇨ 중간중간 국물을 끼얹어가면서 졸여야 양념이 잘 배요.

5 대파 채를 올린 후 국물이 자작하게 남을 때까지 약한 불에서 졸인 후 불을 끄고 통깨를 뿌린다.

고등어 엿장조림

* '고등어 반찬'하면 구이, 조림만 생각 나시죠? 삼치가 아닌 고등어로 만든 엿장조림은 고등어의 반전을 기대할 수 있는 새로운 요리로 기억될 거예요.

조리시간 25분
(+ 밑간하기 30분)
2인분

재료
손질 고등어 — 1마리
(구이용, 220g)
송송 썬 대파 — 2큰술
감자전분 — 2큰술
식용유 — 2큰술
통깨 — 1큰술

밑간
소금 — 한 꼬집
다진 생강 — 1/2큰술
청주 — 2큰술

양념
설탕 — 2큰술
다진 마늘 — 1큰술
진간장 — 3큰술
청주 — 2큰술
생수 — 5큰술
물엿 — 1큰술
참기름 — 1큰술
후춧가루 — 한 꼬집

 조리 포인트

고등어는 내장과 아가미, 잔가시를 제거하세요. 손질을 깨끗이 해야 비린내가 안 나고 아이들이 먹어도 안전해요. 핀셋을 이용해 갈비 쪽에 숨어 있는 가시까지 제거하세요.

1 고등어는 3등분한다. 볼에 넣고 쌀뜨물을 부어 10분간 담가둔 후 체에 밭쳐 물기를 뺀다.

2 볼에 고등어, 밑간 재료를 넣어 30분간 둔다. 볼에 양념 재료를 넣어 섞는다.

3 키친타월로 고등어의 물기를 완전히 제거한 후 감자전분을 묻힌다.

4 달군 팬에 식용유를 두르고 고등어를 올려 중간 불에서 앞뒤로 각각 3분간 구워 그릇에 덜어둔다.

5 팬에 양념을 넣고 바글바글 끓으면 약한 불로 줄여 구운 고등어를 넣고 양념을 끼얹어가며 앞뒤로 각각 2분간 졸인다. 그릇에 담고 대파, 통깨를 올린다.

양념 장어구이

* 기력 회복 대표 보양식인 장어구이! 영양만점 맛있는 양념 장어구이로 활력을 챙겨보세요.

조리시간 50분

3~4인분

재료
장어 — 2마리(500g)
송송 썬 쪽파 — 3큰술
청주 — 2큰술
다진 생강 — 1큰술
식용유 — 2큰술
통깨 — 2큰술

양념
양파 — 1/2개(120g)
배 — 1/2개(250g)
설탕 — 1큰술
고춧가루 — 10큰술
다진 마늘 — 2큰술
다진 생강 — 1/2큰술
고추장 — 2큰술
진간장 — 4큰술
매실청 — 1큰술
맛술 — 2큰술
물엿 — 2큰술
후춧가루 — 한 꼬집
참기름 — 2큰술

조리 포인트
생강을 가늘게 채 썰어 곁들이면 더 맛있어요!

1 양념 재료의 양파, 배는 믹서에 넣어 곱게 간다. 볼에 양념 재료를 넣어 섞은 후 냉장실에 넣어 30분간 숙성시킨다.

2 장어 껍질의 점막을 긁어 벗긴 후 키친타월로 깨끗이 닦아 물기를 제거한다.

3 볼에 청주, 다진 생강, 장어를 넣어 버무린 후 10분간 둔다.

4 달군 팬에 식용유를 두른 후 장어를 올려 중간 불에서 앞뒤로 노릇하게 5분간 굽는다.

5 구운 장어는 먹기 좋은 크기로 썬 후 양념을 바른다. 달군 팬에 올려 약한 불에서 앞뒤로 노릇하게 4~5분간 굽는다. 쪽파, 통깨를 올린다.

황태 양념구이

* 조리거나 구운 생선과는 다른 매력이 있는 황태양념구이입니다. 겉은 바삭 속은 촉촉! 양념이 쏙 밴 황태양념구이의 매력에 빠져보세요.

조리시간 45분
2인분

재료
황태포 — 1장(70g)
쪽파 — 2줄기
식용유 — 2큰술
통깨 — 2큰술

양념
양파 — 1/8개(30g)
배 — 1/16개(30g)
설탕 — 1큰술
굵은 고춧가루 — 1/2큰술
고운 고춧가루 — 1/2큰술
다진 마늘 — 1큰술
다진 생강 — 1/2큰술
고추장 — 1큰술
진간장 — 1큰술
소주 — 2큰술
참기름 — 1큰술
물엿 — 1큰술
후춧가루 — 한 꼬집

 조리 포인트

1. 황태를 쌀뜨물에 불려야 이취를 제거할 수 있고, 잔가시를 제거해야 안전하고 맛있게 드실 수 있습니다.
2. 고추장 양념은 빨리 타기 때문에 구울 때 양념을 바른 쪽은 잘 살펴 보며 익히도록 하세요.

1 황태는 머리, 지느러미, 꼬리를 제거한다.

2 쌀뜨물에 넣어 30분간 불린 후 물기를 짠다.

3 양념 재료의 양파, 배는 깨끗이 씻어 씨만 제거한 후 믹서에 넣어 곱게 간다. 쪽파는 송송 썰고, 볼에 양념 재료를 넣어 섞는다.

4 달군 팬에 식용유를 두르고 황태를 올려 중간 불에서 앞뒤로 노릇하게 각각 2분간 구워 그릇에 덜어둔다.

5 황태 앞뒤로 양념을 바른 후 달군 팬에 올려 앞뒤로 각각 1분씩 총 2분간 굽고 불을 끈다. 먹기 좋은 크기로 썬 후 쪽파와 통깨를 올린다.

황태찜

* 포슬포슬한 황태 살에 양념이 쏘옥 밴 황태찜은 황태구이와는 비슷한 듯 다른 맛의 반찬이에요. 매콤 칼칼한 양념이 매력적인 황태찜을 소개합니다.

조리시간 50분
3~4인분

재료
황태포 — 2장(140g)
양파 — 1개(240g)
대파 — 1/2대
풋고추 — 1개
홍고추 — 1개
맛국물 — 1컵(180㎖)
※ 만들기 24쪽 참고
통깨 — 2큰술

양념
설탕 — 1큰술
고춧가루 — 2큰술
다진 마늘 — 2큰술
다진 생강 — 1/2큰술
고추장 — 4큰술
국간장 — 2큰술
소주 — 2큰술
매실청 — 1큰술
물엿 — 2큰술
참기름 — 2큰술

조리 포인트
1. 황태에 칼집을 내면 조리할 때 모양이 망가지지 않아요.
2. 냄비에 양념을 넣고 끓일 때 중간중간 양념이 고루 배도록 국물을 끼얹어가며 졸이세요.

1 황태는 머리, 지느러미, 꼬리를 제거하고 쌀뜨물을 부어 30분간 불린 후 물기를 짠다.

2 양파는 가늘게 채 썰고, 대파, 풋고추, 홍고추는 어슷 썬다. 볼에 양념 재료를 넣어 섞는다.

3 황태는 길게 2등분한 후 크기에 따라 3~4등분해 껍질이 있는 바깥쪽에 칼집을 넣는다.

4 냄비에 양파를 깔고 황태, 대파, 양념을 넣은 후 맛국물을 붓고 센 불에서 끓인다.

5 물이 끓어오르면 중약 불로 줄여 고추를 넣고 4~5분간 중간중간 국물을 끼얹어가며 끓인다. 불을 끄고 통깨를 뿌린다.

코다리 시래기찜

* 푹 삶아 부드러운 시래기와 쫄깃쫄깃한 코다리의 만남! 오늘은 어른들이 좋아하는 반찬으로 푸짐한 식탁을 차려보세요.

조리시간 35분
3~4인분

재료
코다리 — 1마리(토막 난 것, 250g)
삶은 시래기 — 200g
양파 — 1/2개(120g)
풋고추 — 1큰술
홍고추 — 1큰술
대파 — 1/2대
맛국물 — 2와 1/2컵(450㎖)
※ 만들기 24쪽 참고

양념
설탕 — 1큰술
들깻가루 — 1큰술
고춧가루 — 1큰술
다진 마늘 — 2큰술
다진 생강 — 1/2큰술
진간장 — 3큰술
맛술 — 1큰술
물엿 — 1큰술
국간장 — 1큰술
멸치액젓 — 1큰술
들기름 — 1큰술
후춧가루 — 한 꼬집

조리 포인트
1. 코다리조림을 만들 때 살이 부서지지 않게 조리하려면 불 조절이 중요하니 주의하세요!
2. 너무 졸여져 간이 세다면 물을 조금 넣어 조절하세요.

1 코다리는 깨끗이 씻은 후 머리, 지느러미를 잘라낸다. 크기에 따라 먹기 좋게 3-4등분한 후 뼈에 붙어 있는 핏덩어리나 검은막 등의 불순물을 제거한다.

2 양파는 0.5cm 폭으로 채 썰고, 풋고추와 홍고추, 대파는 어슷 썬다. 시래기는 5cm 길이로 썬다. 볼에 양념 재료를 넣어 섞는다.

3 볼에 양념의 1/3분량, 시래기를 넣고 조물조물 무친다.

4 냄비에 ③, 코다리, 양파, 풋고추, 홍고추, 대파, 맛국물, 남은 양념을 넣어 중간 불로 끓여 양념이 끓어오르면 중약 불로 줄여 국물이 거의 다 졸아들 때까지 6~8분간 졸인다.

코다리강정

* 반건조한 코다리는 쫄깃한 식감이 좋아 조림이나 강정으로 먹기 좋습니다. 튀김 요리지만 달콤하면서 살짝 매콤한 양념 덕분에 느끼하지 않아요.

조리시간 40분
3~4인분

재료
코다리 — 2마리(토막 난 것, 500g)
감자전분 — 10큰술
식용유 — 넉넉히(튀김용)
통깨 — 2큰술
아몬드 슬라이스 — 1큰술
(또는 호박씨, 생략 가능)

밑간
청주 — 2큰술
다진 생강 — 1/2큰술
후춧가루 — 한 꼬집

양념
설탕 — 1큰술
다진 마늘 — 1큰술
고추장 — 2큰술
토마토케첩 — 2큰술
진간장 — 1/2큰술
매실청 — 1큰술
물엿 — 2큰술
맛술 — 2큰술
고추기름 — 2큰술

재료 고르기
코다리를 고를 땐 살이 탱탱하면서 내장이 잘 제거되어 있는 것이 좋습니다. 통으로 구입했다면 가위로 지느러미를 잘라낸 뒤 토막을 내고, 흐르는 물에 헹궈 불순물을 제거하면 맛있게 드실 수 있습니다.

1 코다리는 깨끗이 씻은 후 지느러미를 잘라낸다. 크기에 따라 먹기 좋게 6~8등분한 후 뼈에 붙어있는 핏덩어리나 검은막 등의 불순물을 제거한다.

2 볼에 밑간 재료와 코다리를 넣어 버무린 후 10분간 숙성시킨다.

3 코다리에 감자전분을 묻힌다.

4 팬에 식용유를 붓고 중간 불에서 끓여 감자전분을 조금 넣어 가루가 바로 떠오르면(약 180℃) 중간 불에서 코다리를 넣어 4분간 튀긴 후 체에 밭쳐 기름기를 뺀다.

5 팬에 양념 재료를 넣어 잘 섞은 후 중간 불에서 끓여 양념이 끓어오르면 코다리를 넣어 약한 불에서 버무린 후 통깨를 뿌린다.

➪ 에어프라이어를 사용할 경우 과정③까지 진행한 후 180℃로 예열한 에어프라이어에 종이포일을 깔고 코다리를 넣습니다. 코다리 위에 식용유 7~8큰술을 골고루 뿌린 후 20~25분간 노랗고 바삭하게 구운 후 과정⑤를 진행합니다.

꽃게튀김

* 꽃게를 껍질까지 바삭하게 튀겨내 강정 소스에 버무려 먹는 메뉴예요. 껍질째 먹을 수 있어 영양소를 다양하게 흡수할 수 있는 건강 반찬입니다.

| 조리시간 35분
| 3~4인분

재료
절단 꽃게 — 3마리(500g)
양파 — 1/2개(120g)
풋고추 — 1개
홍고추 — 1개
식용유 — 넉넉히(튀김용)
감자전분 — 1컵

양념
고춧가루 — 1큰술
시판 카레가루 — 2큰술
설탕 — 1큰술
통깨 — 2큰술
다진 마늘 — 1큰술
다진 생강 — 1/2큰술
생수 — 2큰술
진간장 — 1큰술
청주 — 1큰술
매실청 — 1큰술
물엿 — 1큰술
참기름 — 1큰술
후춧가루 — 한 꼬집

🏪 **조리 포인트**

꽃게튀김은 두 번 튀겨야 껍질까지 오독오독 씹어 먹을 수 있습니다. 적당한 온도에서 튀긴 후 두 번째 튀길 때 높은 온도에서 튀기면 안은 촉촉 겉은 바삭하게 튀겨집니다.

1 꽃게는 해동한 후 손질해 먹기 좋은 크기로 썬다.
⇨ 냉동 꽃게에는 낚시줄과 고무줄 등의 이물질이 있으니 꼭 확인하세요.

2 위생봉투에 꽃게, 감자전분을 넣고 흔들어 섞어 꽃게에 감자전분을 골고루 묻힌다.

3 양파는 가늘게 채 썰고 고추는 어슷하게 얇게 썬다. 볼에 양념 재료를 넣어 섞는다.

4 팬에 식용유를 넉넉히 붓고(약 5컵) 170℃가 되면 게를 넣어 2분간 튀긴다.

5 5분 정도 식힌 후 다시 170℃로 끓인 식용유에 게를 넣고 3분간 노릇해질 때까지 바싹 튀긴다.
⇨ 2번 튀길 때 중간에 한번 식혀주면 튀김이 더 바삭해져요.

6 달군 팬에 식용유(2큰술)를 두르고 양파를 넣어 센 불에서 1분 → 양념을 넣고 중간 불에서 끓여 끓어오르면 꽃게, 고추를 넣어 중약 불에서 골고루 버무린다.

꽃게무침

* 꽃게무침은 간장게장만큼 사람들이 좋아하는 꽃게요리죠. 양념을 좋아한다면 조금 넉넉하게 만들어 밥, 게살, 김가루, 달걀과 함께 비벼 먹어도 맛있어요.

조리시간 30분
(+ 밑간 30분, 숙성하기 30분)

3~4인분

재료
꽃게 — 3마리(큰 것)
양파 — 1/2개(120g)
풋고추 — 1개
홍고추 — 1개
대파 — 1/2대

밑간
소주 — 2큰술
맛술 — 1큰술
다진 생강 — 1/2큰술

양념
설탕 — 3큰술
고춧가루 — 8큰술
통깨 — 2큰술
다진 마늘 — 2큰술
진간장 — 8큰술
매실청 — 1큰술
물엿 — 2큰술
참기름 — 2큰술

재료 고르기
냉동 꽃게는 냉장실에서 자연해동 하거나, 흐르는 물에서 빠르게 해동할 수 있어요. 배딱지까지 완전히 녹여야 손질이 가능합니다.

1 꽃게는 깨끗이 손질한 후 체에 밭쳐 물기를 뺀다.

2 볼에 꽃게, 밑간 재료를 넣어 냉장실에 넣어 30분간 숙성시킨다. 볼에 양념 재료를 넣어 잘 섞은 후 30분간 숙성시킨다.

3 양파는 가늘게 채 썰고, 풋고추, 홍고추, 대파는 어슷 썬다.

4 ②에 모든 재료를 넣어 버무린다.

아귀찜

* 아귀는 외모가 험하게 생겼지만 살이 연하고 쫀득하며 맛이 담백한 바다 생선입니다. 입맛이 없을 때 추천하는 반찬 중에 하나인 아귀찜을 소개합니다.

조리시간 45분

3~4인분

재료
- 아귀 — 1마리(손질된 것, 900g~1.2kg)
- 콩나물 — 3줌(150g)
- 미나리 — 1과 1/2줌(75g)
- 미더덕 — 100g
- 새우 — 3마리
- 양파 — 1/2개(120g)
- 대파 — 1대
- 된장 — 1큰술
- 맛국물 — 1컵(180㎖)
- ※ 만들기 24쪽 참고
- 찹쌀가루 — 1큰술
- 물 — 1큰술
- 참기름 — 2큰술
- 통깨 — 1큰술

밑간
- 소주 — 2큰술
- 소금 — 1/3큰술

양념
- 소금 — 1/2큰술
- 설탕 — 1큰술
- 고춧가루 — 10큰술
- 다진 마늘 — 2큰술
- 다진 생강 — 1/2큰술
- 진간장 — 1과 1/2큰술
- 매실청 — 1큰술
- 맛술 — 2큰술
- 물엿 — 2큰술
- 후춧가루 — 한 꼬집

1 아귀는 깨끗이 손질한 후 먹기 좋은 크기로 썬다. 미더덕은 소금물에 넣어 흔들어 씻는다.

2 볼에 아귀, 밑간 재료를 넣고 15분간 둔다. 다른 볼에 양념 재료를 넣어 섞는다.

3 끓는 물에 콩나물을 넣어 중간 불에서 1분간 데친 후 체에 밭쳐 찬물에 헹궈 물기를 뺀다. 미나리는 잎을 제거한 후 5cm 길이로 썰고 양파, 대파는 가늘게 채 썬다.

4 끓는 물에 된장을 넣고 아귀, 미더덕을 넣어 2분간 데친다. 찬물에 헹궈 체에 밭쳐 물기를 뺀다.

➡ 아귀를 데치는 물에 된장을 풀면 살이 단단해지고 잡냄새도 제거할 수 있습니다.

5 냄비에 아귀, 미더덕, 새우, 양념 1/2분량, 맛국물을 넣어 중간 불에서 4~5분간 끓인다.

6 채소, 남은 양념을 넣고 중약 불에서 국물이 자작해질 때까지 끓인다. 찹쌀가루, 물을 넣고 양념이 거의 없어질 때까지 졸인 후 불을 끄고 참기름, 통깨를 뿌린다.

해파리냉채

* 해파리 듬뿍, 원하는 채소도 듬뿍~! 톡 쏘는 새콤달콤 겨자소스가 입맛을 돋우는 해파리냉채입니다. 알록달록 색도 예뻐서 손님상에 올리기도 좋은 반찬이에요.

조리시간 20분
(+ 염분 제거하기 30분)

3~4인분

재료
염장 해파리 — 400g
청피망 — 1개
빨간 파프리카 — 1개(200g)
노란 파프리카 — 1개(200g)
양파 — 1개(240g)
당근 — 1/3개(70g)
오이 — 1개(200g)
게맛살 — 5개(긴 것, 100g)

소스
설탕 — 3큰술
연겨자 — 2큰술
사과식초 — 4큰술(또는 양조식초)
맛술 — 2큰술
진간장 — 2큰술
다진 마늘 — 2큰술
참기름 — 2큰술

 조리 포인트

해파리를 데칠 때 너무 뜨거운 물에 오래 데치면 식감도 딱딱하고, 양이 반으로 줄어들기 때문에 주의해야 됩니다.

1 해파리는 찬물에 30분간 담가 염분을 제거한다.

2 끓는 물에 식초(1큰술)를 넣고 불을 끈 후 2분간 식힌다. 해파리를 넣어 오그라들 때까지 1~5초간 살짝 데친 후 체에 밭쳐 흐르는 물에 여러 번 헹군다.

3 맛살은 3등분해 잘게 찢고, 청피망, 파프리카, 양파, 당근은 5cm 길이로 가늘게 채 썬다. 오이는 2등분해 씨를 제거한 후 5cm 길이로 채 썬다.

4 볼에 소스 재료를 넣어 섞는다. 그릇에 채소를 돌려 담고 가운데에 해파리를 올린 후 소스를 곁들인다.

골뱅이무침

* 호프집 인기 메뉴! 부모님께서 연애하시던 시절에 맛있게 드셨다는 종로식 골뱅이무침입니다. 소면을 넣어 비벼 먹고 싶은 생각이 간절해지는 양념 맛이 매력적이에요.

조리시간 35분

3~4인분

재료
통조림 골뱅이 — 1캔(400g)
양파 — 1/4개(60g)
대파 — 1대
오이 — 1개(200g)
깻잎 — 6장
당근 — 1/3개(70g)
진미채 — 1줌(40g)
마요네즈 — 1큰술
참기름 — 2큰술
통깨 — 2큰술

양념
설탕 — 1큰술
고춧가루 — 3큰술
다진 마늘 — 1큰술
고추장 — 3큰술
통조림 골뱅이 국물 — 3큰술
식초 — 3큰술
물엿 — 1큰술
청주 — 1큰술

조리 포인트

1. 취향에 따라 청양고추를 송송 썰어 넣어 무치면 더욱 매콤하게 즐길 수 있습니다.
2. 소면이나 쫄면을 삶아서 곁들여도 좋아요.

1 골뱅이는 국물을 3큰술 덜어둔 후 체에 밭쳐 뜨거운 물을 부어 데친 후 찬물에 헹군다.

2 양파, 대파는 가늘게 채 썰어 물에 10분간 담가 매운 맛을 제거한다. 깻잎, 당근, 오이는 5cm 길이로 가늘게 채 썰고 골뱅이는 먹기 좋은 크기로 2~3등분한다.

3 진미채는 먹기 좋게 2~3등분한 후 체에 밭쳐 흐르는 물에 헹궈 그대로 물기를 뺀다.

4 큰 볼에 양념 재료를 넣어 섞는다. 다른 볼에 진미채, 마요네즈를 넣고 버무린다.

5 양념 재료를 섞어둔 볼에 골뱅이, 진미채, 채소를 넣고 잘 섞은 후 참기름, 통깨를 넣어 가볍게 섞는다.

한끼 요리

오늘 뭐 먹지? 고민될 때

냉장고 속 재료로
간단하게 만들어 먹는 요리

가족들 입맛이 제각각이라 고민되나요?
저도 대중적인 입맛의 반찬 레시피를 개발하기 위해
여러 번의 테스트를 거친답니다.
이번에 소개할 메뉴는 이런 시행착오를 거쳐 완성한
누구나 좋아하는 초간단 메뉴예요.
따라 하기도 간단하니
냉장고 속 재료를 활용해 만들어보세요!

라볶이

* 간단한 식사로 남녀노소 누구나 좋아하는 분식 메뉴, 라볶이입니다. 라볶이는 어린 친구들이 더 좋아하는 간식이기도 하지요.

조리시간 25분

2인분

재료
떡볶이 떡 — 1컵(또는 떡국 떡, 200g)
사각 어묵 — 2장
양배추 — 2장(60g)
양파 — 1/2개(120g)
대파 — 1/2대
라면사리 — 1개
맛국물 — 2와 1/2컵(또는 생수, 450㎖)
※ 만들기 24쪽 참고
통깨 — 1/2큰술

양념
설탕 — 1큰술
고춧가루 — 2큰술
다진 마늘 — 1큰술
고추장 — 2큰술
진간장 — 1큰술
물엿 — 3큰술

 조리 포인트

1. 냉동시킨 떡을 사용할 경우에는 살짝 데쳐 찬물에 헹군 후 넣으세요.
2. 라볶이를 만들 때 젓가락으로 면을 살짝살짝 들어주며 익혀주시면 면발이 더 쫄깃해져요.
3. 삶은 달걀이나, 모차렐라치즈(200g)를 곁들여도 좋아요.

1 볼에 양념 재료를 넣어 섞는다. 떡은 흐르는 물에 씻어 물에 담가둔다.

2 어묵은 길게 2등분해 2cm 폭으로, 양배추, 양파는 1cm 폭으로 채 썬다. 대파는 어슷 썬다.

3 냄비에 맛국물을 붓고 센 불에서 끓여 끓어오르면 양념을 풀고, 떡, 어묵, 양배추, 양파를 넣고 중간 불에서 3분간 끓인다.

4 라면사리를 넣고, 2~3분간 끓인 후 대파를 넣고 2분간 끓인다. 접시에 담아 통깨를 뿌린다.

짜장떡볶이

* 무조건 맛있는, 맛 보장 짜장떡볶이입니다. 매운 것 잘 못 먹는 아이들과 함께 먹기 좋은 메뉴예요. 간식으로도 한 끼 식사로도 손색없어요.

조리시간 30분

2인분

재료
떡볶이 떡 — 2컵(또는 떡국 떡, 400g)
다진 돼지고기 — 200g
양파 — 1개(240g)
양배추 — 2장(60g)
사각 어묵 — 2장
대파 — 1/2대
식용유 — 2큰술
다진 마늘 — 2큰술
녹말물 — 2큰술
(감자전분 1큰술+물 1큰술, 생략 가능)
생수 — 2와 1/2컵(또는 맛국물, 450㎖)

밑간
소주 — 2큰술
다진 생강 — 1/3큰술
후춧가루 — 한 꼬집

양념
설탕 — 1큰술
시판 짜장가루 — 5큰술
고춧가루 — 1큰술
고추장 — 2큰술
물 — 5큰술
물엿 — 2큰술

조리 포인트
1. 매운맛을 싫어한다면 고춧가루를 조절해서 넣으세요.
2. 취향에 따라 라면사리를 넣어도 좋아요.

1 돼지고기는 키친타월로 꾹꾹 눌러 핏물을 제거한 후 볼에 밑간 재료와 함께 넣어 잘 섞는다. 냉장실에 넣어 10분간 둔다.

2 볼에 양념 재료를 넣어 섞는다. 떡은 흐르는 물에 씻어 물에 담가둔다.

3 어묵은 길게 2등분해 2cm 폭으로 썰고, 양배추, 양파는 1cm 폭으로 채 썬다. 대파는 어슷 썬다.

4 달군 팬에 식용유를 두르고 돼지고기를 넣어 중간 불에서 2분 → 다진 마늘, 양파, 양배추, 대파를 넣고 2분간 볶는다.

5 물, 양념, 떡, 어묵을 넣고 약한 불에서 3분간 끓인다.

6 녹말물을 넣어 잘 섞은 후 불을 끈다.

마파두부덮밥

* 마파두부는 중국 사천 지방의 대표적인 요리로 한국인뿐만 아니라 다른 나라 사람들에게도 인기 있는 메뉴입니다. 한국인에 입맛에 맞춘 마파두부덮밥을 소개할게요.

조리시간 35분

3~4인분

재료
- 두부 큰 팩 — 1모(부침용, 300g)
- 다진 돼지고기 — 200g
- 양파 — 1개(240g)
- 대파 — 1대
- 당근 — 1/4개(50g)
- 청피망 — 1/4개(25g)
- 홍피망 — 1/4개(25g)
- 녹말물 — 2큰술(감자전분 1큰술 +물 1큰술)
- 식용유 — 2큰술

밑간
- 소주 — 2큰술
- 후춧가루 — 한 꼬집
- 소금 — 한 꼬집

양념
- 설탕 — 1큰술
- 맛국물 — 2와 1/2컵(450㎖)
- ※ 만들기 24쪽 참고
- 고춧가루 — 4큰술
- 고추장 — 1큰술
- 된장 — 1큰술
- 진간장 — 4큰술
- 다진 마늘 — 2큰술
- 참기름 — 2큰술

조리 포인트
다진 돼지고기가 오래 냉동되어 있었다면 잡냄새가 날수 있으니 필요에 따라 소주(또는 청주, 맛술)를 1~2큰술 추가하세요.

1 돼지고기는 키친타월로 꾹꾹 눌러 핏물을 제거한 후 볼에 밑간 재료와 함께 넣어 잘 섞는다. 냉장실에 넣어 10분간 둔다.

2 두부는 1cm로 깍둑썰고, 양파는 잘게 다진다. 대파는 채 썰고 당근, 피망은 굵게 다진다.

3 볼에 양념 재료를 넣어 섞는다.

4 달군 팬에 식용유를 두르고 고기를 넣어 중간 불에서 2분 → 양파, 당근을 넣어 2분간 볶는다.

5 양념을 넣어 중간 불에서 1분 → 두부, 대파를 넣고 3분간 가볍게 저어가며 끓인다.

6 녹말물, 피망을 넣고 잘 섞은 후 불을 끈다.

카레라이스

* 간단하면서도 영양적으로 균형 잡힌 한 끼가 먹고 싶을 때 제일 좋은 메뉴, 카레라이스입니다. 별다른 반찬이 필요 없이 김치 하나만 곁들이면 OK!

| 조리시간 25분
| 3~4인분

재료
돼지고기 등심 — 200g
양파 — 1개(240g)
감자 — 1개(200g)
당근 — 1/2개(100g)
애호박 — 1/2개(135g)
식용유 — 2큰술
시판 카레가루 — 1컵(100g)
생수 — 1컵(200㎖)
후춧가루 — 한 꼬집
우유 — 1/2컵(90㎖)

밑간
소주 — 2큰술
후춧가루 — 한 꼬집
소금 — 한 꼬집

 조리 포인트

1. 카레에 우유를 넣으면 부드럽고 풍미가 좋아져요.
2. 카레라이스 완성 후, 밥 위에 삶은 반숙 달걀이나 돈까스를 곁들이면 더 든든한 한 끼가 될 거예요.

1 돼지고기는 키친타월로 꾹꾹 눌러 핏물을 제거한 후 볼에 밑간 재료와 함께 넣고 잘 섞는다. 냉장실에 넣어 10분간 둔다.

2 양파, 감자, 당근, 애호박은 1cm 크기로 깍둑썬다.

3 달군 팬에 식용유를 두르고 돼지고기를 넣어 3분 → 양파, 감자, 당근, 애호박을 넣어 3분간 볶는다.

4 물, 카레가루를 넣고 중간 불에서 2분간 끓인다.

5 우유, 후춧가루를 넣고 3분간 가볍게 저어가며 끓인다.

하이라이스

* 초등학교 시절 급식 메뉴로 한 번씩은 나왔던 하이라이스. 고기와 채소가 듬뿍 들어가 영양균형이 좋아요.

> **조리시간** 30분
> 3~4인분

재료
돼지고기 등심 — 200g
양파 — 2개(480g)
감자 — 1개(200g)
당근 — 1/2개(100g)
애호박 — 1/2개(135g)
식용유 — 2큰술
생수 — 3컵(540㎖)
시판 하이라이스가루 — 1컵(100g)
토마토케첩 — 2큰술

밑간
소주 — 2큰술
후춧가루 — 한 꼬집
소금 — 한 꼬집

1 돼지고기는 키친타월로 꾹꾹 눌러 핏물을 제거한 후 볼에 밑간 재료와 함께 넣어 잘 섞는다. 냉장실에 넣어 10분간 둔다.

2 양파, 감자, 당근, 애호박은 1cm 크기로 깍둑썬다.

3 달군 팬에 식용유를 두르고 돼지고기를 넣어 중간 불에서 3분 → 양파, 감자, 당근, 애호박을 넣어 3분간 볶는다.

4 생수, 하이라이스 가루를 넣어 중간 불에서 2분간 끓인다.

5 케첩을 넣고 3분간 가볍게 저어가며 끓인다.

달걀말이김밥

* 동글동글 귀여운 달걀말이김밥을 소개합니다. 영양만점 달걀말이 김밥을 만들어 식구들과 함께 즐거운 나들이 어떠세요?

조리시간 30분
4인분

재료
밥 — 4공기(800g)
김 — 8장(김밥용)
달걀 — 8개
애호박 — 1/3개(90g)
당근 — 1/4개(50g)
대파 — 1/2대
스모크햄 — 80g
(또는 김밥용 햄 8줄)
식용유 — 4큰술

밑간
우유 — 2큰술
맛술 — 2큰술
소금 — 2꼬집
후춧가루 — 한 꼬집

밥 양념
소금 — 1/4큰술
통깨 — 2큰술
참기름 — 4큰술

1+1 활용법
취향에 따라 김밥 하나의 분량에 치즈 2장을 깔아 김밥을 말아주시면 치즈계란말이김밥이 완성됩니다.

1 애호박, 당근, 대파, 햄은 잘게 다진다.

2 볼에 달걀, 밑간 재료를 넣어 잘 섞은 후 다진 재료를 넣고 섞는다. 다른 볼에 밥, 양념 재료를 넣고 잘 섞는다.

3 달군 팬에 식용유(1큰술)를 두르고 ②의 달걀물의 1/4 분량을 넣어 약한 불에서 달걀말이한다. 달걀말이를 총 4개 만든다.

4 김의 까칠한 면이 위를 향하도록 펼친 후 달걀말이를 올려 돌돌 만다.

5 다른 김 위에 밥의 1/4분량을 올려 윗 부분을 3~5cm 정도 남기고 빈 틈없이 잘 펼친다.

6 그 위에 ④를 올려 돌돌 만다. 3개 더 만든다.
➡ 끝부분이 잘 붙지 않으면 밥알을 살짝 으깨보세요.

장칼국수

* 장칼국수는 강원도 향토음식이라 강원도에 가면 꼭 먹어야 하는 음식이죠. 얼큰하고 뜨끈한 국물 요리를 좋아하는 분께 강력 추천합니다!

조리시간 25분

1인분

재료

칼국수 면 — 1인분(약 150g)
감자 — 1/2개(100g)
애호박 — 1/3개(약 70g)
양파 — 1/4개(60g)
느타리버섯 — 1줌(50g)
대파 — 1/3대
맛국물 — 3과 1/2컵(630㎖)
※ 만들기 24쪽 참고
다진 마늘 — 1큰술
고추장 — 2큰술
된장 — 1/2큰술
고춧가루 — 1큰술
통들깻가루 — 1큰술
멸치액젓 — 1/2큰술

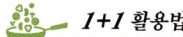

1+1 활용법

청양고추 1개를 송송 썰어 넣으면 더 칼칼하게 즐길 수 있습니다.

1 감자, 애호박은 반달 모양으로 0.5cm 두께로 썰고, 느타리버섯은 가닥가닥 떼어낸다. 양파는 0.5cm 두께로 채 썰고 대파는 어슷 썬다.

2 냄비에 맛국물을 붓고 중간 불로 끓여 끓어오르면 다진 마늘, 된장, 고추장을 넣는다.

3 다시 끓어오르면 감자, 애호박, 느타리버섯, 양파를 넣고 중간 불에서 2~3분간 끓인다.

4 고춧가루, 들깻가루, 멸치액젓, 대파, 칼국수면을 넣고 3~4분간 끓인다.

참치비빔라면

* 새콤달콤한 고추장 소스로 비벼 먹는 비빔라면에 참치와 채소를 곁들인 환상적인 면 요리입니다. 입맛 없는 날 후다닥 만들어보세요.

조리시간 25분
1인분

재료
라면사리 — 1개
대파 — 1/4대(흰 부분)
당근 — 1/10개(20g)
상추 — 4장
오이 — 1/4개(50g)
통조림 참치 — 1캔(150g)
참기름 — 2큰술
통깨 — 1/2큰술
김가루 — 2큰술(10g)

양념
설탕 — 2큰술
고춧가루 — 2큰술
다진 마늘 — 1큰술
고추장 — 2큰술
식초 — 4큰술
진간장 — 1과 1/2큰술
매실청 — 1/2큰술
올리고당 — 1큰술

 조리 포인트

라면을 삶을 때 식초 2~3방울을 넣고 젓가락으로 면을 살짝살짝 들어주며 익혀주시면 면발이 더 쫄깃해져요.

1 참치는 1/2 분량만 체에 밭쳐 기름기를 뺀다. 큰 볼에 양념 재료를 넣어 섞는다.

2 대파, 당근, 상추, 오이는 채 썬다.

3 라면은 끓는 물에 넣어 봉지에 적힌 시간 만큼 삶아 체에 밭쳐 흐르는 물에 헹군 후 물기를 뺀다.

4 ①의 볼에 라면사리, 채소를 넣어 버무린 후 참치, 참기름, 통깨, 김가루를 뿌리고 비벼 먹는다.

간장비빔라면

 * 입맛도 없고, 꼼짝하기 싫을 때 면 요리만큼 좋은 메뉴가 없죠. 달콤 짭조름한 양념에 각종 채소, 면을 넣어 비벼 먹는 새로운 간장국수를 소개합니다.

| 조리시간 40분
| 1인분

재료

라면사리 — 1개
돼지고기 잡채용 — 50g(또는 등심)
양파 — 1/4개(60g)
느타리버섯 — 1줌(50g)
다진 파 — 2큰술
식용유 — 3큰술
통깨 — 1큰술
참기름 — 1큰술
김가루 — 1큰술(15g)

밑간

소주 — 1큰술
진간장 — 1/2큰술
설탕 — 1/2큰술
다진 마늘 — 1/2큰술
후춧가루 — 한 꼬집

양념

설탕 — 1/2큰술
다진 마늘 — 1/2큰술
진간장 — 3큰술
매실청 — 1/2큰술
올리고당 — 1큰술
맛술 — 1큰술

조리 포인트

1. 매콤하게 먹고 싶을 땐 고춧가루 1큰술 또는, 청양고추 1개를 다져 넣으세요.
2. 돼지고기 등심 대신 차돌박이를 달군 팬에 올려 구운 후 곁들여도 좋아요.

1 돼지고기는 키친타월로 꾹꾹 눌러 핏물을 제거한 후 볼에 밑간 재료와 함께 넣어 잘 섞는다. 냉장실에 넣어 10분간 둔다.

2 양파는 채 썰고, 느타리버섯은 가닥가닥 떼어낸다. 키친타월에 통깨를 올려 밀대로 밀어 곱게 간다.

3 달군 팬에 식용유를 두르고 다진 파, 돼지고기를 넣어 중간 불에서 2~3분 → 양파, 느타리버섯을 넣어 2분간 볶아 식힌다.

4 라면은 팔팔 끓는 물에 넣어 봉지에 적힌 시간 만큼 삶아 체에 밭쳐 흐르는 물에 헹군 후 물기를 뺀다.

5 큰 볼에 양념 재료를 넣어 섞은 후 라면사리, 양파, 느타리버섯을 넣어 버무린다. 참기름, 통깨 간 것을 넣고 가볍게 비벼 먹는다.

Index

ㄱㄴㄷ순으로 반찬 찾기

ㄱ

가지나물	069
가지조림	086
간장비빔라면	248
간장양념 돼지불고기	146
간장어묵볶음	079
갈치조림	202
감자채 햄볶음	076
고구마줄기볶음	062
고등어 무조림	206
고등어 묵은지조림	204
고등어엿장조림	208
고사리나물	060
고추장떡	091
고추장멸치볶음	100
고추장아찌	118
고추장양념 돼지불고기	148
고추전	090
골뱅이무침	228
굴 김치전	093
굴 무생채	051
굴전	092
김장아찌	125
깍두기	132
깻잎된장절임	128
깻잎순볶음	061
깻잎장아찌	127
깻잎전	089
깻잎찜	110
꼬막무침	188
꽃게무침	222
꽃게튀김	220
꽈리고추찜	053

ㄴ

낙지볶음	198
냉이나물	068
느타리버섯볶음	073

ㄷ

단호박전	094
단호박조림	085
달걀말이	095
달걀말이김밥	242
닭가슴살장조림	111
닭갈비	180
닭강정	184
닭볶음탕	178
더덕생채	047
도라지 오이무침	046
도토리묵무침	048
동그랑땡	088
돼지갈비찜	158
돼지고기 김치찜	156
돼지고기 수육	154
된장양념 돼지불고기	150
두부조림	084
들깨 시래기조림	087
땅콩 호두조림	105
떡갈비	170

ㄹ

라볶이	232

ㅁ

마늘장아찌	120
마늘종무침	043
마늘종장아찌	121
마약계란장	113
마파두부덮밥	236
맛가루	024
맛간장	022
맛국물	024
매운 볼어묵볶음	078
매콤 바지락볶음	190
모둠 저염장아찌	123
무 오이피클	129
무나물	063
무생채	050
미나리 두부무침	039
미나리생채	038
미역줄기볶음	074
미역초무침	049

ㅂ

바싹불고기	168
배추겉절이	138
배추나물	065
백김치	134
뱅어포구이	103
보리새우볶음	104
볶음김치	109
부추 달걀볶음	080
부추무침	041

ㅅ

삼겹살간장조림	160
상추겉절이	040
새송이버섯볶음	072
새송이버섯장아찌	122
소갈비찜	166
소고기 감자조림	172
소고기 굴소스볶음	174
소고기 메추리알장조림	112
소시지 야채볶음	077
숙주나물	057
순창식 제육볶음	144
시금치나물	058
시래기나물	064

ㅇ

아귀찜	224
아삭이고추무침	042
안동식 찜닭	182
알감자조림	106
애호박볶음	075
양념 장어구이	210
양배추김치	139
양파장아찌	119
얼갈이나물	066
연근조림	107
열무김치	136
열무물김치	137
오삼불고기	194
오이나물	067
오이무침	044
오이소박이	140
오이장아찌	124
오이초무침	045
오징어볶음	192
오징어초무침	196
우엉조림	107
LA양념갈비	164

ㅈ

잡채	081
장똑똑이	162
장칼국수	244
주꾸미볶음	200
쥐치포고추장무침	102
진미채볶음	101
짜장떡볶이	234

ㅊ

참나물 사과무침	037
참나물생채	036
참치비빔라면	246
총각김치	133
취나물	059

ㅋ

카레라이스	238
코다리 시래기찜	216
코다리강정	218
콩나물겨자채	052
콩나물무침	056
콩나물불고기	152
콩자반	108

ㅍ

| 파김치 | 141 |

ㅎ

하이라이스	240
해파리냉채	226
황태양념구이	212
황태찜	214
황태채장아찌	126
훈제오리 버섯볶음	176

총각네
반찬
가게

초판 1쇄 발행 2020년 5월 4일
초판 2쇄 발행 2020년 7월 1일

지은이 홍은찬(구선손반)
펴낸이 김영조
콘텐츠기획팀 권지숙, 김은정, 김희현
디자인팀 왕윤경
마케팅팀 이유섭, 박혜린
경영지원팀 정은진
외부스태프 사진촬영 15스튜디오(이과용, 이예린)
　　　　　푸드스타일링 스튜디오 밀리(밀리, 이아연, 이하영)
펴낸곳 싸이프레스
주소 서울시 마포구 양화로7길 4-13(서교동, 392-31) 302호
전화 (02) 335-0385/0399
팩스 (02) 335-0397
이메일 cypressbook1@naver.com
홈페이지 www.cypressbook.co.kr
블로그 blog.naver.com/cypressbook1
포스트 post.naver.com/cypressbook1
인스타그램 싸이프레스 @cypress_book
　　　　　스티커 아트북 @cypress_stickerartbook
출판등록 2009년 11월 3일 제2010-000105호

ISBN 979-11-6032-089-3　　13590

· 이 책은 저작권법에 따라 보호를 받는 저작물이므로 무단 전재와 무단 복제를 금합니다.
· 책값은 뒤표지에 있습니다.
· 파본은 구입하신 곳에서 교환해 드립니다.
· 싸이프레스는 여러분의 소중한 원고를 기다립니다.

> 이 도서의 국립중앙도서관 출판예정도서목록(CIP)은 서지정보유통지원시스템 홈페이지
> (http://seoji.nl.go.kr)와 국가자료종합목록 구축시스템(http://kolis-net.nl.go.kr)에서
> 이용하실 수 있습니다. (CIP제어번호: CIP2020014038)

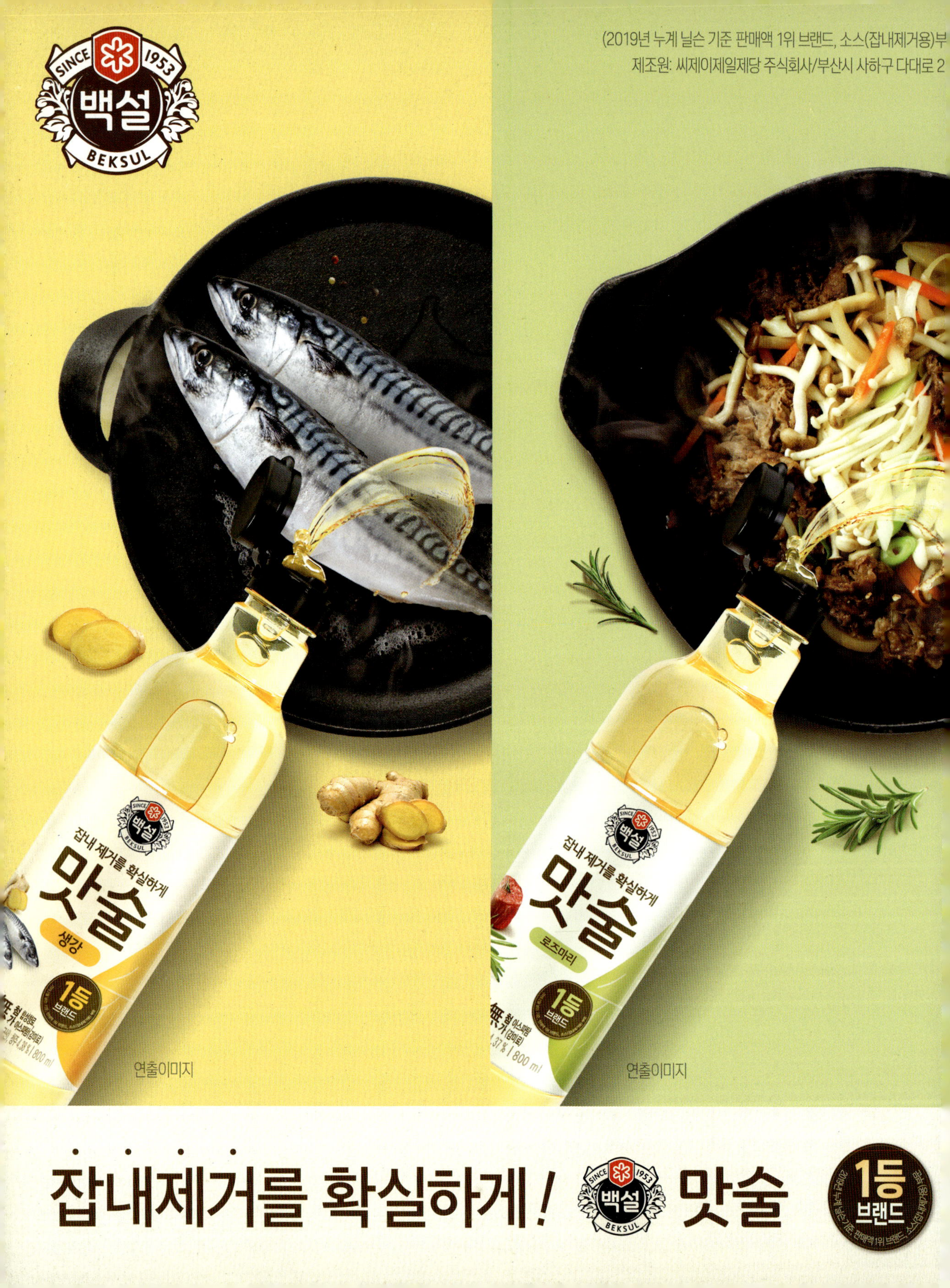

SINCE 1953
백설
BEKSUL
(2019년 누계 닐슨 기준 판매액 1위 브랜드, 소스(잡내제거용)부
제조원: 씨제이제일제당 주식회사/부산시 사하구 다대로 2
잡내 제거를 확실하게
맛술
생강
1등 브랜드
연출이미지
잡내 제거를 확실하게
맛술
로즈마리
1등 브랜드
연출이미지
잡내제거를 확실하게!
백설
맛술
1등 브랜드

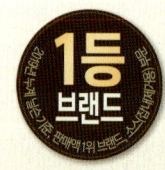